回首千山外

——詩人作家創作回憶錄

台 客 編著

文史哲出版社印行

國家圖書館出版品預行編目資料

回首千山外：詩人作家創作回憶錄 / 台客編著.--
初版.-- 臺北市：文史哲, 民 104.09
　　頁；　　公分
　　ISBN 978-986-314-274-4（平裝）

1.作家　2.回憶錄　3.中國

782.248　　　　　　　　　　　104017861

回 首 千 山 外

── 詩人作家創作回憶錄

編 著 者：台　　　　　　　　　　客
出 版 者：文 史 哲 出 版 社
　　　　　http://www.lapen.com.tw
　　　　　e-mail：lapen@ms74.hinet.net
登記證字號：行政院新聞局版臺業字五三三七號
發 行 人：彭　　　　正　　　　雄
發 行 所：文 史 哲 出 版 社
印 刷 者：文 史 哲 出 版 社
　　　　　臺北市羅斯福路一段七十二巷四號
　　　　　郵政劃撥帳號：一六一八○一七五
　　　　　電話886-2-23511028 · 傳真886-2-23965656

實價新臺幣二八○元

二○一五年（民一○四）九月初版

ISBN 978-986-314-274-4　　78927

前　言

陳福成

　　目前兩岸港澳的各類藝文雜誌刊物千百種，文學、詩歌、電影、攝影……現代詩刊等，不計其數，百花齊放。從某個角度想，中國人的文學、藝術大時代真的來臨了，未來可望在世界文壇大放異彩，是可預見的。

　　千百種藝文雜誌（月、季、半年、年刊）中，我曾略做了解，到圖書館的「雜誌展放區」找，我想找到一種專供創作者（任何藝術、藝文創作），可以發表自己回憶錄的雜誌。然而很遺憾的並未找到此類雜誌，因此我暫時假設，目前的諸多中文雜誌，沒有我設想的這種「回憶錄雜誌」。

　　每一個藝術創作者，不論哪一類，寫詩、小說、散文、劇本、電影、金石書畫……他投入一生幾十年，必有許多動人的故事，有珍貴的創作經驗，有獨到的創作法則，有血有淚，可歌可泣，有永遠寫不完的回憶；每一個創作者也是一個傳奇，舉世無雙，全球唯一，有豐富的回憶，可寫十篇、百篇、千篇，一輩子也寫不完，創作者的「腦金礦」是永遠挖不完的。

　　假如能有這樣的一個「平台」，提供給所有各類型藝術創作者，書寫他們多彩的回憶，也是「補強」現代各種中文雜誌，增加一種有文學藝術內涵的「產品」。這是我最初對創辦發行這種雜誌的原始構想，現在走出第一步（算是創刊號），

未來還是要「摸著石頭過河」！

　　二〇一四年春，我把這樣的構想向兩位好友彭公與台客兄簡述，得到他們初步認同，覺得深值一試，若能辦成也是文壇美事，可以共結許多美好因緣。這個「平台」應該值得構建，只是平台大小（年刊或半年刊），還是讓「因緣」去決定，凡事能水到渠成最佳，何況經費也是大問題，除非能得到更多支持、贊助，否則如何維持長期辦下去的動力，凡此都是未知的領域。

　　得到這兩位老友初步認同，就決定「開工」了。我擬好大致的徵稿、宗旨等，並和兩位討論確定。請台客擔任主編，台客編《葡萄園》詩刊二十餘年，在兩岸三地，甚至海外華人藝文界，享有盛名，更有很多文壇詩界的好友，他在兩岸詩壇可謂廣結善緣，親近各家善知識。身為詩人，台客有真性情、有樸實真誠的美德，有苦幹實幹的負責精神。他編《葡萄園》詩刊二十餘年，經常在火爐般的夏天，一個人光著上身穿條大內褲，揮汗如雨的校對各家詩稿。說起詩人台客，詩壇無人不知，請台客當主編，是本刊深得支持並樂觀前行的第一步。

　　在出版發行方面，就是我多年老友，也是出版界半個世紀來頗富盛名的出版家彭正雄先生。他對宏揚中華文化、推廣中國文史哲類經典，有崇高的使命感；尤其對台灣詩壇的貢獻，真是言不盡而意無窮。他辦事，我放心，也是本刊能走出第一步的重要推力。

　　至於我嘛！只當一個幕後的推手，成人之美即好。身為佛弟子，凡所有相皆是虛妄，說是詩人，即非詩人，是名詩人。

台北公館蟾蜍山萬盛草堂主人本肇居士
誌於 2015 年 7 月

回首千山外

詩人作家創作回憶錄

目　　次

五十四年談寫作

柴　扉

一、退稿如家常便飯

寫作而被稱為「爬格子」，那是前一段人的稱呼；現在大家都用「伊媚兒」投稿，應被稱為「鍵盤客」才對，聽起來才比較溫雅一點。不過，現在的編者，也有不用「伊媚兒」編稿的，仍照舊法行事。而我，還是像以往一樣，先寫稿，再謄正，然後再上電腦打字，叫我「老爬蟲」，我仍然接受。

我自民國五十一年二月刊出第一篇文章起，便正式爬起格子來，爬到現在一○四年二月，爬齡已達五十四年，尚無擲筆的打算。回首這五十多年來，在業餘時間，為著寫作這檔子事，起早睡晚，投投退退，真是一把辛酸一把淚；直到後段時間，才比較順利。

我最初嘗試寫作，完全在摸索階段，不知道投稿要用有格稿紙；只是隨便找張白紙或信紙胡塗，自無格子可爬，往往寫好了一篇作品，就往報社投寄；文章好壞不談，只是格式不合，下落可想而知，大概都被扔進垃圾桶裡；但是自己

還是在苦等，天天期盼作品見報。

　　苦等多時，這篇不見刊出，續寫一篇寄去；這報不登投那報，如是者再，結果都是落空，不知白費了多少心力和紙張郵票。在失望之餘，曾有一段時間氣得不想再寫，心中憋得很不舒服；可是不久手癢又塗起鴉來，像這樣胡亂摸索，大概經過了一年。

　　我之所以有意投稿，是從常看報紙副刊開始，大概也是自己興趣使然。我生不逢辰，軍校畢業後不久，便因病長住醫院，我志未酬人亦苦；在苦悶難以排解時，便以閱讀報紙副刊為消遣。很多優美的文章，讀來非常欣賞，心中常起共鳴，於是便把它剪貼起來，暇時仔細揣摩。看到人家的作品，能被刊登出來，便見賢思齊，自己也躍躍欲試；想將心中的壘塊，藉文字宣洩出來，本來文章是苦悶的象徵；可是文章始終不見登出，苦悶仍藏在心裡。

　　後來有人告訴我，投稿要用稿紙寫，拿人家的作品做榜樣，多寫自然見功夫。你可以附退稿回郵信封，希望編者稿件不用則早退，以免天天苦等；可是附了回郵信封後，更覺失望洩氣。先是苦等報紙想看到自己的文章被刊出，後來便是到時間守在收發室等候收退稿。像這樣退退投投，大概又消磨了一年。這次真的不寫了，不搞這種勞什子的事，以免白費力氣。

　　不寫稿也罷，副刊還是每天看，而且不僅只看一、兩種，有時對寫作仍然不死心。有一天，我碰巧看到一篇題為「不怕退稿談寫作」的文章，文內告訴我們寫作要不怕退稿，沒有一個成名的作家，不是從退稿中磨鍊出來的。他退他的稿，

你寫你的稿，初學寫作要抱著「屢退屢投，愈挫愈勇，勤練多寫，不怕退稿。」的決心。窮年累月，孜孜不倦地一直寫下去，總有成功的一日。

又有一篇文章說：寫作需要三多，即多讀、多寫與多看。

—— 多讀下筆如有神：多讀書充實自己，寫作資源豐富，好像有條源頭活水；取之不盡，用之不竭，到時候筆隨心至，水到渠成，好像有枝神來之筆。

—— 多寫文章自然好：有時靈感忽然到來，要抓住便寫，稍縱即逝。多寫可以磨鍊筆鋒，愈寫愈見功力。古話說：「寶劍鋒從磨礪出，梅花香自苦寒來。」習伏眾神，熟能生巧。俗諺說：「只要功夫深，鐵杵磨成繡花針。」多耕耘，勤灌溉，自然能開花結果。

—— 多看生活經驗多：所謂多看，除了多讀書以外，還得多觀察世界上的事物，應該「閱歷多」也包括在內。因為文學是人生的表現，人生經驗越豐富，則文學的資本越雄厚；寫起文學來，自然得心應手，左右逢源。不過同是經驗，由書本得來的間接經驗，總不如親身所經歷的直接經驗，來得親切而深刻。所以俗諺說：「百聞不如一見。」對於一個有志寫作者而言，除了「讀萬卷書」以外，還得「行萬里路」，以增加實際見聞。

二、〈人面桃花〉初上報

我看到這些老作家的經驗之談，照著他們所說的話去做，主要的在充實自己，對寫作充滿熱情和信心。那時我在

花蓮受訓，每逢週末常去花蓮市逛書店，碰到那家書店的店員小姐，很會招徠顧客，一言一笑，非常討人喜歡。因此，前往問津者眾。很多人買了文具，都在櫃台外賴著不走，總想多和她攀談幾句，搶著拉攏感情。

有時我也去湊湊熱鬧，每次她看到我就說「紅領帶來了！」那時我只有一件舊西裝上衣，也只有那條紅領帶，經常總是穿著那副行頭出門，自然引起別人的譏誚。不過，我買好了東西，談笑了幾句，便識趣地離開，不想像那些在櫃台外的哥兒們，遭受老闆娘的白眼。

有一次週末，我照常也去那家書店報到，剛一進門，見情況不對 ── 門前冷落車馬稀 ── 店內那位小妞兒不見了，聽說已經辭職回家相親去了。想來那些登徒子必各個失望；好在我尚未進入情況，但也難免心中黯然。我突靈感一來，想起唐人崔護那首「去年今日此門中，人面桃花相映紅……」的詩句，在晚自習時寫了一篇〈人面桃花〉的文章，因心中有感，寫來得心應手，一氣呵成。晚上親自投到附近的「東台日報」門口的信箱裡去，不料第二天早上，報社即派人送來兩份當天報紙，文章已被刊出來了。同學們發現後也爭相傳閱，有人高聲唸著「去年今日此門中」的詩句，我心裡的高興自不在話下。接著我在「東台日報」和「更生日報」又登出幾篇，都不見退稿了。

三、教國中時期創作旺盛

一年後，我離開花蓮，被派到台灣中部當了六年國小教

師；教學之餘，爬格子的心機旺盛。先在「榮光週報」打好基礎，繼在「國語日報」和「中國語文」闖出天下，經常長短篇不斷；但尚未進入文藝領域，只是寫些字詞解釋和教材研究而已。

直到五十七年轉任國中教師，在國中教了二十七年國文，教學相長，時值盛年，正是寫作最旺盛的時期。先在「南投青年」立好地盤；後來便向各大報副刊進軍，在中副所發表的〈凍頂茶園巡禮〉和〈我是一個板擦兒〉兩文，頗得到讀者的好評。其間雖也曾有過退稿，但修改後再轉投他報，未嘗不受歡迎，抽屜裡常無存稿。

退休後，我無副業可做，亦無特殊嗜好；除讀書、看報和散步外，惟格子之是爬。每年出國旅遊一次，以增廣見聞，搜集到許多寫作之素材。先後共出版了十幾本書，算是人生未留白，加入各種文藝團體後，也被稱為作家；但與一般文友相較，輒自嘆弗如。不滿足便是進步，老來曾自我鞭策，字裡行間，更加留意。

近年來，曾先後舉辦三次文學展，推陳出新，老古董盡出；有許多文物資料，為一般作家所不易拿出，受到參觀來賓的青睞；照片被放大掛在牆壁上，很像電影明星的海報，使我心中不免飄飄然。而文展的部分著作、文物被掃描上網；且作品被某技術學院收錄為國文教材，均為在寫作上莫大的榮譽。

四、八十二歲學電腦

大概在民國九十年代，各報社副刊紛紛聲明：要求作家

投稿，必須用「伊媚兒」傳送，手寫稿不收；很多作家曾為此傷腦筋，甚至擲筆不寫。我格子仍然照爬，先是交代孩子代為打字傳稿；後來心血來潮，在八十二歲時學電腦，老爬蟲也爬上了鍵盤，可以打字傳稿；但長稿仍須家人代勞打字，然後自己訂正傳送。上網不但可作文書處理，附帶也加入「臉書」，和青年人做朋友，「將謂偷閒學少年」，也滿有意思。

　　我生於民國十六年農曆九月，時光荏苒，今年已八十九歲。寫作五十四年以來，至今已出版《綠滿柴扉》、《靈感與寫作》和《一縷新綠》等散文集十一本，及《再來的春天》小說集一本。今年六月商務印書館將出版我的《萬里遊蹤》遊記一本，明年是我的堂堂九十大壽，擬出版紀念文集一本。在有生之年，情願執筆到底，決不放棄。

　　寫作這麼多年來，得過小獎不少，不必細談。惟在民國一○二年十二月，在南投得過玉山文學獎、文學貢獻獎，稍可提及。

　　簡介：柴扉，本名柴世彝，民國十六年出生，湖北省蘄春縣人。陸軍官校四十二年班正期、在鳳山畢業。服務部隊未久，因重病退役。經轉業執教，曾充小學教師六年，國中教師二十七年；退休後，以讀書、寫作自娛，自得其樂。

　　自民國五十一年二月，開始業餘寫作以來，迄今已歷五十四年。已出版散文集〈綠滿柴扉〉、〈靈感與寫作〉及〈一縷新綠〉等書十一本，小說集〈再來的春天〉一本，尚有兩本書待出版。今後如一息尚存，便一路爬行爬到底。

詩 之 緣

麥 穗

　　寫詩六十年，要話說從頭，就像白頭宮女話當年，娓娓道來甜酸苦辣。

　　一九四八年一個偶然的際遇，從十里洋場跨海來到台灣，對這個孤懸在太平洋上的島嶼，其他所知不多，只知三年前，甫自統治五十年的日本人手中光復過來，前一年，曾經發生過驚天動地的二二八事件。此外除了在小學課本上，讀到過一句「台灣糖甜津津，甜在嘴裡痛在心」外，並沒有更多的印象，但在基隆離船登岸後，映入眼簾的明媚風光，才感覺到不虛此行。做夢都沒想到，翌年，國共內戰上海易幟，台、滬交通中斷成了有家歸不得，淪為異鄉遊子。在思親懷鄉的心情下，詩於是產生。

　　一直有寫日記的習慣，至今已累積日記簿近七十本，懷鄉思親的情緒，原來是紀錄在日記本中的點滴，這也算是詩的源頭吧。後來讀了冰心〈繁心〉，就摹仿著把日夜的思念，以詩的型式記下，但不算純粹的詩，那是一九四九年前的事。真正的詩是次年，遇見夏菁老師之後。那時我在省營台灣農

林公司文山茶場工作，原在花蓮山林管理所任職的夏菁老師(原名盛志澄)，從花蓮調到公司負責林政業務。文山茶場雖名為茶場，其實是一個擁有整個烏來，及部份新店、石碇地區廣大森林的林場。因此，夏菁老師經常要出差到場裡來，處理有關林政業務。

　　茶場的所在地，是一個偏僻的山村，入夜一片寂靜。我們的單身宿舍，和招待所，設在同一棟樓裡，早年沒有電視，麻將尚未深入民間，因此在餐廳裡用完晚餐，洗過澡後，通常是大伙兒聚集在客廳裡，抽菸喝茶聊聊天。一些來此出差住招待所的客人，亦會加入這個行列，天南地北打發漫漫長夜，夏菁老師亦不例外。有一次夏菁老師來場裡出差，夜晚照常大家聚在一起閒聊，從山鄉野語談到林間傳聞，忽然話題一轉，說到報刊詩文。雖然我們這一夥中，除了我以外，鮮少對詩文有興趣者，但閱覽室裡訂有中央日報及台灣新生報，兩大報都有副刊，副刊中的詩文多少都曾涉獵，所以大家還可以附和著說上幾句。夏菁老師發覺我比其他同事，對詩的瞭解更多些，每次來場裡出差，都會找我聊聊。他在台北見多識廣，尤其詩壇的種種，從他那裡知道了紀弦、鍾鼎文、李莎、鍾雷等詩人。當時台灣第一份詩刊，附著在自立晚報的《新詩周刊》，甫創刊不久，夏菁老師自第六期開始，把自己看過了的周刊附上一封信，寫上他對這一期詩的讀後意見，寄進山來給我，同時也要我寫些讀後的心得告訴他。他不但把我帶進詩的天地，也告訴了我詩的真諦。直到他奉調到我們場裡，擔任我的頂頭上司，業務部課長為止。

　　一九五三年師範大學教授李辰冬先生，創辦了一所「中

華文藝函授學校」，內設「國文進修班」、「小說班」及「詩歌班」。當時一些想進修，及動動筆桿的朋友，都趨之若鶩，紛紛報名入學，今天著名的資深詩人如瘂弦、向明、藍雲、雪飛等都是第一期即參加了，我雖然在夏菁老師指導下，已經有作品在報章雜誌上發表，在求好心切之下，也報名詩歌班第一期進修。函校詩歌班原主任為候佩尹教授，候教授擔任主任不久，因故辭職，由覃子豪老師接任，於是我們都成了覃老師門下。覃老師教學非常認真而嚴格，定期郵寄講義，並指定作業，寄回上次作業加上批改評語，指出缺失和優點。如有佳作會推薦給會刊《中華文藝》，及他主編《藍星周刊》，使我在創作詩方面，有長足的進步。

　　我的第一首詩，是一九五二年，發表在《野風》半月刊第三十四期，同年六月開始在《新詩周刊》發表作品。翌年紀弦老師創辦《現代詩》，也開始向他投稿，紀弦老師非常愛護青年詩友，經常約大家聚談指導，詩壇如有活動，他也會通知大家參加。因此步入了詩的族群中，也結識了不少詩壇前輩，和同齡層的詩友。一九五五年紀弦老師籌組「現代派」，我亦應邀成為第一批加盟者。

　　一九五四年在慶祝詩人節晚會中，結識了時在新莊國小任教的青年詩人木刻家秦松。我們交往一段時間後，一致認為要求進步，應該結合更多年輕詩友，互相切磋交換經驗。於是發起組織「明天藝文社」，邀請吳望堯、季予、丁穎、寒星、秦嶺、李如憶、余靜、葛逸凡、秦松、麥穗共十人為同仁。除互相觀摩作品，並每月出版《明日詩訊》，由同仁輪流主編。由於當年大家都收入不豐，無能力出版鉛印詩刊，只

能同仁輪流刻鋼板，油印出刊。雖然克難亦讓大家有了「編」的經驗。

季予小我幾歲，他是隨他場長父親入山的，那時他讀新店文山中學高中，雖然年輕但已具相當寫作能力，經常在報刊雜誌上發表作品，攢取些零用錢。也因為夏菁老師的引導，他也開始寫詩。我們都住在同一宿舍區，很方便聚在一起談詩說文。季予有個親戚，在某單位辦勞軍業務，知道季予與藝文界熟，希望他推介一些好的書刊，買來勞軍。他認為這是個好機會，找我各出一半資金，合出一本詩集，商請他親戚買部分作勞軍書刊。兩個毫無出書經驗的初生之犢，集資、選詩、找出版商，忙了一陣子，季予找台中的朋友，推薦一家「藝聲出版社」承印。我們合著的第一本詩集《鄉旅散曲》出版了。因為沒有經驗，出版商遠在台中，當書送到我們手中，發現紙張、編排、印刷都不理想，而且錯字百出，當然不能作為勞軍之用。當初認為不能賺，最少也能拿回本錢的想法，都成為泡影。

因為工作及家庭關係，曾經暫離詩壇一段時間，復出後先後加入過《秋水》及《海鷗》詩刊。兩岸開放互動後，數度隨團前往大陸各省訪問，與當地詩人、詩社交流。一九九三年三月，和幾位將步入高齡的詩友，林紹梅、晶晶、田湜、文曉村、王幻、張朗、劉菲、謝輝煌等，創立「三月詩會」，每月聚會一次談詩論藝互評近作，至今歷二十二年未曾中斷，是維繫創作不輟的主團隊。可惜大部份創會同仁已先後往生，二十二年來我是唯一不曾缺席者。一九九四年與詩友文曉村、王祿松、王幻等創立「中國詩歌藝術學會」，除出任

總幹事外，現在已連三任被推選為副理事長，貢獻一己之微薄。

　　除了寫詩，收集保存新詩資料也是興趣之一，曾收集早年紙本以外的詩刊，編製目錄，如《新詩周刊》、《藍星周刊》、《藍星詩頁》等。而且在一九九八年獲行政院文化建設委員會贊助，出版《詩空的雲煙 ── 台灣新詩備忘錄》。內分「詩史‧逸事」及「詩話‧話詩」兩卷。此書出版獲詩壇一致好評，時任《聯合報》副刊主編的著名詩人瘂弦，謬稱我是「新詩歷史館館長」，實在愧不敢當。

　　六十多年的堅持，成就不敢說，但其間獲得不少肯定和鼓勵，如作品曾被選入年度詩選，以及國內外各種選集，並獲得臺灣省文藝作家協會的中興文藝獎章，中國文藝協會的五四文藝獎章，中國詩歌藝術學會的詩歌藝術創作及貢獻兩獎，詩人節大會的詩運、詩教獎等。有人說詩人出詩集，是向讀者交出成績單，從一九五五年與季予合出《鄉旅散曲》後，六十年中曾出版詩集計《森林》、《孤峰》、《荷池向晚》、《麥穗詩選》、《麥穗短詩選》、《追夢》、《山歌》、《歌我泰雅》及《六個十年》等十集，另外還編過一本《當代名詩人選（三）》，論成績差強人意而已。

　　我嘗說「看不懂的詩，是拒絕讀者」，所以在別人搞晦澀，搞超現實，我還是我行我素，寫我的明朗清澈，當然這於受教於夏菁、覃子豪兩位老師有關。因為從事森林工作，詩中有意無意地會用些山和樹的意象，所以詩友們都稱我為森林詩人，欣然接受。近年來致力於專題詩的創作，如二○○五年由台北縣文化局出版，專吟山林的《山歌》，二○一○年也是由該局出版的，以原住民為主題的《歌我泰雅》，以及目前

在寫的，以飲食為主題的「舌尖上的詩」等，寫了幾十年，總要有些個人的風格，和與眾不同的步調。

　　與詩結緣一甲子，總覺得詩的境界，和世界潮流一樣，不斷地在向前進，雖然兩鬢結霜，高齡八十有五，也不能固步自封，因此每月仍參與一些詩的活動，如「三月詩會」，「五加四雅聚」等，和一些資深和年輕一代的詩友，交換創作經驗及新的觀念，唯有如此，使手上這桿筆，不致生銹。

2015.3.30. 於烏來山居

　　簡介：麥穗，本名楊華康，一九三〇年生，浙江餘姚人。詩歌藝術學會創會副理事長、新詩學會常務理事，三月詩會同仁。曾任《勞工世界》、《林友》月刊主編，獲中興文藝獎章、文藝協會詩歌創作獎、詩歌藝術學會貢獻獎等。著有詩集《追夢》、《歌我泰雅》等十集，散文《滿山芬芳》《十里洋場大世界》等三種，評論史料集《詩空的雲煙》、《當代名詩人選三》。

我愛文學，文學愛我

── 我的文學生涯及對獲獎詩的回憶

吳開晉

一、初嘗文學甜滋味

在那抗日戰爭的艱苦歲月，幼年並未受到系統的學校教育，幸虧有祖父吳朝海先生的指導和耳提面命，才使我受到了文學的啟蒙教育。他是清朝末年的秀才，飽讀詩書，並曾創辦過山東女子師範，後因民國初年戰亂不斷，才回到山東沾化縣於河村辦起了私塾。抗日戰爭期間，由於我的老家，是日本鬼子和一些地方抗日武裝「拉鋸」鬥爭之地，沒有正式的學校，只好跟著祖父到私塾讀《三字經》、《百家姓》和《唐詩三百首》，今天還能背下來的一些唐詩名篇，都是跟祖父學的。祖父還善於吟誦，講到他喜歡的詩，便搖晃著身子吟誦一番，給我留下了深刻印象。另外，祖父還在課餘，常給我們幾個小孩講民間故事，和《聊齋》中的故事片段，我和小夥伴有時聽得入了迷，連回家吃飯都忘了。母親勞青雲知道我喜歡聽故事，便從集上買回一些《三國演義》、《水滸

傳》及一些戲曲小唱本，有時就坐在門檻上看，直到天黑看不見字了，才進屋吃飯。這就是我童年受的文學啟蒙教育。祖父是我第一位老師。

一九四六年，因父親吳赤雲先生在北平做事，便由親戚把我送去，入了私立匯文小學讀高小。那是個教會學校，班主任湯楊桂英和姬校長，也常講些《聖經》中的典故和西方名作家代表作的內容，如歌德、莎士比亞、但丁等，便記住了他們代表作的名字，心中羨慕崇敬不已。後來老師叫我寫一篇作文「我的家鄉」，我還從未寫過這樣的作文，回去請教父親該怎麼寫？父親便告訴：要首先寫出家鄉的地理位置，再寫家裡人的生活狀況，後寫對家鄉的懷念等。在父親的指導下，我便寫成了第一篇作文。記得開頭幾句是「**我的家鄉在渤海的西邊，黃河的北岸，沒有山嶺，是一帶平原。……**」下邊便寫在抗日的艱苦歲月，如何忍饑挨餓，並時時躲避日本鬼子的清鄉和掃蕩以及抗日遊擊隊和鬼子漢奸的鬥爭。作文千把字，得到了老師的讚賞，同時，我其他功課也不錯，期末得到了年級第一名的學校獎學金。我高興，父親更高興。父親是參加過辛亥革命的老同盟會員，後來從事抗日工作。他雖不是文學家，但從小受到祖父的教導，也有較深的文學修養。

一九四七年夏，我覺得小學課程不解渴，父親便鼓勵我跳級考初中，於是便投考了北平市立七中。班主任張恕先生應該是我第二位啟蒙老師。他對現代文學很有研究，除了上課給我們講些文學名篇外，還特意介紹叫我們讀讀《新文學大系》中魯迅、冰心、朱自清等人的小說散文。魯迅的小說散文、冰心的散文和小詩、朱自清的散文，便是那時讀的。

張恕老師還指導我們辦壁報，我和同學便辦了「北極星」，刊登些同學們的詩文。記得我有一篇作文，是「從祖父到北平想到家鄉」。因祖父盲目跑到北平找我們，一時找不見，便在『世界日報』登了個尋人啟事，同學看見了，便陪我把祖父接回來。祖父那時已七十多歲，一人跑到北平，蓬頭垢面，很是可憐。他穿的舊上衣，還是母親給縫製的。於是我便在作文中寫：「從祖父衣服上密密的針腳中，看到了母親燈下縫補的身影」，接著又寫了母親在夕陽映照下，如何拖著長長的影子，往家中揹莊稼，汗珠滴滴落在了田地裡。這篇作文也得到了張恕老師的讚賞。語文課上向全班同學宣讀並點評。他又直接推薦在「北極星」上頭題刊登。一九四七年夏的期末，我又獲得了學校頒發的獎學金。從此，我對文學的熱愛又增加了許多。

　　一九四九年初，北平易幟，後改為北京。高中的同學紛紛南下，參軍，參幹。我們初中的小同學也坐不住了，我便和好友也報考了華北大學第三部文藝部，類似學習班。大報告多，上專業課少。主要是學戲劇表演，還排練歌舞。不過，當時的一些名作家也常來做報告、辦講座。如寫過黃河大合唱的光未然及賀敬之等。也學了些文學常識，班主任胡沙先生（後任中國評劇院院長），也常講些文學典故，很受啟發。在文藝部只學了大半年，便又轉到剛成立的中央戲劇學院普通科（實是預科）學習。有一位七月派的老詩人魯煤也常和我們聊天，並介紹普希金，及中國的艾青、魯藜等詩人的詩叫我們讀。這時又對現代詩有了印象。一九五〇年秋普通科結業後，被分到了部隊文工隊創作組做創作員，單位買了些

中外名著叫我們增長些文學知識，如《紅樓夢》、《三國演義》、《西遊記》、《水滸傳》，及《戰爭與和平》、《靜靜的頓河》及莎士比亞的戲劇等，也在業餘時間囫圇吞棗般瀏覽一遍，雖不全明白，但也被這些名著深深吸引了。在此期間，主要是為戰士寫些歌詞、小劇、演唱等，有的曲藝作品也得過獎，不過就是練筆。從內容和形式上看，都算不上藝術品，而是宣傳品。這段時間就是對自己的磨練。

二、躍進文學大海洋

　　一九五五年，心裡覺得以前上過的華大三部和中央戲劇學院普通科不是正規大學，想當作家還得深造，便又申請報考了東北人民大學（後改為吉林大學）中文系。因是新建大學，還從北大等校撥過來一批名教授。中文系就有楊振聲、馮文炳（廢名）、霍玉厚、蔣善國等。還有一些學有專長的副教授、講師。這時，對中國古典文學、現代文學、外國文學、文字學才有了較系統的學習。不過那時政治運動不斷，還要去下鄉、下廠，或搞什麼「勤工儉學」，參加勞動，念書受了很大影響。此時，自己開始練習寫詩、寫散文，在省市報刊和上海的『萌芽』都發表了作品。畢業後留校任教，先叫我講授「民間文學」，只一學期課，好講。好處是常帶學生下鄉采風，去過草原、長白山林區等地，收集民歌、民間故事，這對自己的寫作很有幫助。文革期間，學校停課，並曾一度去農村「插隊落戶」，一切都荒廢了。幸而四人幫倒台後，我申請調回了家鄉的山東大學中文系，才又拿起了筆。我先教

寫作課，後教現當代文學和詩歌研究，並和已年過七旬的著
名朗誦詩人高蘭先生，最早招收了現代文學和詩歌研究的碩
士生（當時博士點還未批下）。我除了講授當代文學、詩歌研
究外，業餘便進行詩歌創作。上世紀八、九十年代，可說是
我寫作的高峰期。但細細想來，八十年代以前的作品，「載道」
成分還不少，受當時社會生活影響較大，留下來的不多，詩
學觀念也較陳舊。但是由於在授課過程中，也學習了一些古
代和西方的美學、詩學理論，也讀了一些青年人的詩和臺灣
詩人的詩，他們的框框少，我的詩作也有了明顯的變化。特
別是因到國內一些名勝區參加會議並旅遊，寫了不少抒發性
靈感悟的詩。如一九八六年春去海南島參加當代文學教材
會，回家時路過桂林，當在陽朔看到那些像各種獸類的奇石，
靈感大發。我設想，這群山在地球母腹中孕育，嚮往飛天的
長成巨龍和雄鷹，嚮往長泳的長成巨鯨，嚮往奔騰的長成雄
獅，嚮往攀援的長成猿猴，嚮往跋涉的長成駱駝。但地球母
親捨不得兒女們離去，便拋出一條綠色的帶子 —— 美麗的灕
江將他們繫住。此詩發表後，受到好評。並被選入多種詩選
集。從此，其他詩作也改換面貌，能以新的詩學觀去駕馭詩
作，語言上也注意去創造意象美和意境美，先後出版了多種
詩集和詩文集。但我還是認為，這是新的起點，詩藝詩美的
大道，還應繼續往前行。

三、獲獎詩《土地的記憶》創作過程

　　一九九五年春天，接到世界詩人大會籌委會通知，言世

界反法西斯戰爭勝利五十周年要徵稿，盼能寫出有關詩作，並能參加大會。經過思考，我寫出了〈土地的記憶〉。寫時想到童年日本法西斯軍人在中國燒殺搶劫，我的幾個族人、親戚也遇害，兩個哥哥都被抓去坐過牢，憤恨之情油然而生。又想到中國人民和世界各國人民的反抗鬥爭，想起了平型關之戰、盧溝橋，以及諾曼地登陸，攻克柏林，才獲得反法西斯戰爭的勝利。可是在當前和平生活狀態下，大多數人已忘記這些艱苦歲月的鬥爭，有些麻痹了。但苦難的大地不會忘，它正像一個大的光碟，而每天早上的太陽光芒就是磁鍼，它劃刻著土地的紋路，於是土地便發出了當年人們苦難的呼號，和反法西斯戰爭中戰士們英勇的吶喊和炮火聲。寫成後先由《山東文學》發表，後由《詩刊》轉發。同時，由我的侄女山東大學外語學院教授，文學博士吳鈞翻譯成了英文，寄給了世界詩人大會籌委會。世界詩人大會一九九六年春在東京召開並評獎，我因故未能與會。會後來了通知：我的〈土地的記憶〉一詩，獲得了以色列米瑞姆-林德勃哥詩歌和平獎。同時寄來了獎狀以及評委會主任斯坦的哥教授的信函和評語。他在信中說：「由於您出色的作品，以色列米瑞姆-林德勃哥詩歌評委會授與您和平獎榮譽證書。」評委會評語如下：「吳開晉教授所著〈土地的記憶〉是一篇扣人心弦的、凝聚了反對惡勢力的、充滿感情的詩篇。詩歌通過非凡的隱喻手法，表現了犧牲者的痛苦和反對惡魔的仇恨。」大陸一些報刊，對此作了報導。這對我的創作是極大的鼓勵。但詩歌創作之路還很長，還要鼓起勇氣，繼續跋涉。

　　附：獲獎詩〈土地的記憶〉，供參閱：

土地的記憶

—— 獻給反法西斯戰爭勝利紀念日

土地是有記憶的
正如樹木的年輪
一年一道溝壑
貯存著億萬種聲音
當太陽的磁鍼把它劃撥
便會發出歷史的回聲

聽！那隆隆作響的
是盧溝橋和諾曼第的炮聲
還夾著萬千染血的吶喊
那裂人心肺的
是奧斯威辛和南京城千萬冤魂的呻吟
還有野獸們的狂呼亂叫
那震人心魄的
是攻佔柏林和平型關的號角
還有槍刺上閃耀的復仇的怒吼

莫要說那驅除魔鬼的炮聲
已化為節日的煙火，高高升入雲端
莫要說那焚屍爐內的骨灰
已築入摩天大樓的基礎，深深埋入地層
莫要說被野獸剖腹孕婦的哀嚎
已化為伴隨嬰兒的和諧音符

莫要說被試驗毒菌吞噬的痛苦掙扎

已化為無影燈下寧靜的微笑

這些早已過去

如煙雲飄浮太空

安樂是一種麻醉劑

人們也許把過去遺忘

但土地不會忘記

它身上留有法西斯鐵蹄踐踏的傷痛

留有無數反抗者澆鑄的紀念碑裡的呼喊

每當黎明到來

它便在疼痛中驚醒

（1995 年春）

簡介：吳開晉，筆名吳辛，山東省沾化縣人，一九三四年十一月生於山東省陽信縣。一九五八年畢業于吉林大學中文系。為山東大學文學院教授，中國作家協會會員。著有《現代詩歌藝術與欣賞》、《月牙泉》等詩論集和詩歌散文集十餘種。詩作〈土地的記憶〉，1996 年獲以色列米瑞姆-林德勃哥詩歌和平獎；詩論集《新詩的裂變與聚變》，二○○五年獲國際炎黃文化研究會第三屆龍文化金獎。二○○一年與二○○五年曾赴美國馬里蘭大學講授中國詩歌。

故鄉：詩的啟蒙

高　平

　　一九三七年「七七事變」爆發以後，我剛五歲，父親從他任職的山東高苑縣城帶領我們從日寇的鐵蹄下化妝逃回了濟陽縣白楊店老家。在那裡度過了八年抗戰的歲月。日本鬼子的掃蕩，八路軍的遊擊戰以及水、旱、蝗災都親身經歷過，苦難而又豐富的童年，化作了我一生的精神財富。

　　「光明奶奶，愛吃韭菜；韭菜不爛，愛吃雞蛋。」這首童謠，一直留在我的記憶中，算是我接觸到的第一首詩了。它的明快簡練的短句，它的通俗樸實的語言，它的擬人化的手法，它的押韻和轉韻，它的跳蕩的想像，在我幼小的心靈上產生了魅力，播下了詩美的種子。

　　我的母親李孝嫻是一位清末秀才的女兒，念過幾年書，能背誦《唐詩三百首》裡的許多詩。她常常一邊做針線，一邊吟誦。我伏在炕沿上靜靜地聽著，不懂的地方就請她講解。古典詩歌的音樂性和深遠的意境使我著迷。

　　我的父親高恩傳（字惠卿），是普通農民的兒子，靠了岳父的資助上了大學，是當時濟陽全縣唯有的兩個大學生之一。他是學法律的，但也喜歡文學，能背誦一些古典詩文和

胡適之、徐志摩的新詩。在家鄉淪陷期間，他一面教小學，一面務農。作為一個當過「官兒」的大學畢業生，算是過著隱居的生活了。煩悶的時候，就倒背著手，在屋裡踱步吟誦詩文。他最愛吟誦的是諸葛亮的《出師表》，我靜靜地聽著他的「苟全性命於亂世，不求聞達於諸侯」的悲壯聲調，得到了長歌當哭的感受和聲情並茂、以情帶聲的啟迪。

　　每到冬閒時節，村裡就來個說唱西河大鼓的藝人。晚飯一過，男女老幼圍在街上，連續幾天聽他說書。我總是第一個坐在靠他最近的地方，最後一個回家，從頭至尾神情專注地聽著。一盞油燈搖曳著，一把三弦迴響著，和著農民的讚歎聲。這種詩的敘事擴大了我的詩的視野。

　　日偽軍的掃蕩，使另一種詩又出現了，這是一種強烈地打動人心的現實的詩，那就是民間的抗日歌曲。我們鑽在秫秸後面一邊躲避敵人，一邊聽表姐悄聲唱「左手拿著個瓢哇，右手把嬰兒抱，舉家逃難就把那飯來要」。隨著鬼子的槍聲，耳邊也常響起八路軍工作組來教唱的歌曲：「老鄉們，老鄉們，大家要想把命保，快快參加八路軍！」這期間，我也寫了四句怒斥日偽軍殘害人民的詩，雖然大體上像七古，實際上只能算作大鼓詞或順口溜。不料，我父親大加讚揚。這大概是在我十歲那年，算是我寫的第一首詩吧。

　　我們村的白楊店小學是我父親騰出自家的宅院創辦的，他只教音樂，聘請的教員中有落第秀才，書法家和兩位高中畢業生。白天學的是教科書，晚上教的是四書五經。這是個學堂加私塾的雙料學校，六年的小學等於上了十二年，給我打下了扎實的語文基礎。

在小學的國文課本上，我讀到了新詩，記得是胡適之和周作人的。我開始試著寫起新詩來。有一首，被父親寄給山東大學中文系教師劉泮溪(他是我的姐夫)去求教。記得詩中有「夜鶯在歌唱」的句子，劉泮溪在原稿上作了一句引而不發的眉批：「你見過夜鶯嗎？」我看著寄回的詩稿，琢磨著這句批語的含意，感到十分羞愧。是的，我哪裡見過什麼夜鶯？更沒聽見過牠的歌唱。我為什麼寫牠呢？我自悟，自責，這是一種模仿，也是一種無病呻吟。（後來我在一篇文章中提了這件事，詩人苗得雨看到以後，引發了他的雅趣，還專門寫了考證中國到底有沒有夜鶯的文章，也算是詩壇佳話）這是我在起步學習寫詩時，受到的第一次軟批評。我始終未忘。它使我牢記著：**寫詩以模仿別人為恥，要寫自己的真情實感。**

小學畢業以後，我未能升入初中。那時的濟陽縣城有沒有中學我不知道，即使有，父母也不會讓我去上的，因為它在東面二十里的黃河邊，還駐紮著日本軍隊。在我村西面八里地的垛石橋鎮上有個規模很大的小學，我父親也是創辦者與教員之一。學校為了不讓本地區小學畢業的孩子們荒廢學業，設立了兩個初中補習班，教的完全是初中的課程。父親把我送到那裡，寄宿在親戚家中。這個學校敢於抵制淪陷區日偽的規定，一律不設日語課程。直到不久以前，我才在網絡上查到有一篇題為《抗戰時期的垛石橋學校》的文字中寫道：「日寇……瘋狂地壓迫奴役中國人民的時刻，一部分愛國知識份子，高厚齋、高惠卿、常渭泉、郭登五、范俊青、洪仞仟、趙壽山等人，他們不願做日寇的奴隸，更不甘心去當漢奸，為非作歹，做對不起祖國的事，他們審時度勢，創辦

了垛石橋區立小學校，由高厚齋任校長，高惠卿、常渭泉任校董，其他人任教師。」

我們班的國文老師就是文中提到的郭登五，他是我父親之外的另一個縣裡的大學畢業生。從他編發的講義中我懂得並喜愛了宋詞，至今我還記得那帶著油墨味的蘇軾的〈卜算元〉「**缺月掛疏桐，漏斷人初靜。誰見幽人獨往來，飄渺孤鴻影。**」在我從詩歌道路上起步的年月，郭老師也是我的助推者之一。

日本投降以後，父母和我們兄弟姐妹四人移居到了濟南。我上了山東省立濟南中學（現在叫濟南一中）。我最不能忘記的是我的國文老師弓健行。他身著長衫，瀟灑文靜，不苟言笑。每次作文課他在黑板上寫下作文題後，並不多作說明、全由你自去領會，自去構思，自去發揮。我也心領神會，變著形式去完成他出的題目。有時用散文寫，有時用文言文寫，有時就寫成一首詩。弓老師不但一概認可，而且篇中加圈加點，篇末寫有批語。我成了他最喜歡的學生。我永遠記得在我離校前的最後一篇作文後面，他寫下了臨別贈言式的長長的批語，其中有兩句這樣的結論：「以你的文學天資，將來在文學上定有成就。」當時，我才十四歲，還沒有發表過作品，也沒有做過詩人作家夢。弓老師的肯定口吻給了我鼓勵和信心。他的這個斷言無異於給我下了一道只許成功不許失敗的命令，堅定了我對文學的執著追求。

我喜歡屬於形象範疇的東西，因為它給人以豐富的靈活的想像空間，所以在學校的各門功課中，我的語文、歷史、地理、音樂、體育、美術成績都很好；我不喜歡屬於邏輯範疇的、需要死記硬背的東西，所以物理、化學（當時無任何

實驗設備）、數學（我覺得全是枯燥公式）成績就很差。在從初二升入初三的期末考試中，我因數理化三門主課不及格而被留級了。

　　我的父親原本是希望我攻讀理工科的，他為我設計的未來是當一名工程師。一來他有科學救國的思想，二來他認為在中國做文人不稀罕，要受窮，還會遭到「文字獄」。但是我的素質不是那個料，與他的期望背道而馳了。他只好放棄了將來讓我那上大學的預想，讓我去考了濟南師範。考試時，由於數學交了白卷，拉低了平均分數，張榜時被列在了備取生中。有些人考上了不來報到，就把我補進去了。

　　住進濟南師範以後，雖然集體宿舍中是十幾個人睡在地板上，臭蟲多得可以掀起枕頭一抓一把，我竟然詩性大發、文思泉湧起來，我常常在夜間的微光中寫詩，有時一天能寫一二十首。但我發表的第一篇作品並不是詩，而是一篇題為「秋夜」的抒情散文。那是一九四七年的秋天，我將它寄給了本市的《華光日報》，不久就被刊登了。我恨不得立刻見到那張報紙。學校在城裡的院西大街，而報社在城外（那時叫商埠），相距較遠。我於是借了同學的自行車，去報社取報。那天剛下過一場不小的雨，西行到普利門外，馬路十分泥濘，車輛被膠泥糊住以後，根本不能轉動，興奮的心情驅使我用肩扛著車子奮力前行。報紙拿回來了。我看到自己的手稿變成了鉛字，簡直是黃土變成了黃金的感覺。我看了一遍又一遍，像母親對自己的嬰兒一樣百看不厭。睡下以後，還把它放在枕邊，醒來了，還要抓起來看看。它篇幅不長，具體內容早已忘卻，只記得最後一句是「只有我一個人在等待著黎明。」

　　《華光日報》的總編輯叫薛健之，他有何政治背景，命運結局如何，我至今一無所知。我對他印象很好，不只是因為他簽發了我的第一篇作品，更由於他的一次表現。有一天，我正走在馬路上，見他坐著他個人專用的洋車（上海叫黃包車，天津叫膠皮）迎面而來，他立刻命令車夫停車，走下來和我握手，鼓勵我多寫，並且伸手為我扣上了一個上衣的紐扣。我那時僅是一個十五歲的學生，他的「禮幼下士」的作風，他的親切的目光和柔情的話語，使我非常感動，並且長久不忘。這個人，這件事，一直影響著我對文學青年的態度。

　　一個詩人、作家，無論取得了多大的成就，也應當具有園丁精神，要誠懇地、熱情地對待和扶持後來者，特別要幫助那些確有才華者發表他們的處女作，因為這往往會影響他們的一生。

　　簡介：高平，山東濟南人，出生於北平。曾就讀濟南一中和濟南師範。參加過進軍西藏，並在那裡生活了八年。現為中國作家協會全委會名譽委員，甘肅省作家協會名譽主席，敦煌文化學會名譽會長。出版有詩集《大雪紛飛》等二十餘種及評論集、散文集、歌劇、隨想錄等。臺灣大地出版社出版有他的長篇小說《倉央嘉措》。各類作品在國內外獲獎四十餘次。有的作品被譯為英、俄、匈、羅馬尼亞、馬其頓文和藏文。二〇〇〇年離休。甘肅省授予文藝終身成就獎。

　　地址：730010 甘肅省蘭州市雁南路天慶嘉園 A 區 13－3－202（111 信箱）

我是文藝國度裡的流浪漢

楊　　濤

　　我的作品第一次變成鉛字，是民國三十六年，我十六歲逃難在上海的時候，為了發洩胸中的苦悶，填了兩闋詞：「章台柳（註一）」及「搗練子（註二）」，投寄上海中華時報副刊發表的。

　　我的故鄉在皖北亳州市的偏僻農村，沒有學校，所以自幼在私塾啟蒙，前後達七個年頭，跟過七位老師，其中有兩位是清末科舉的秀才，讀物四書五經中除了易經未曾讀過之外，四書和詩經我都背誦過，而且都包過本（註三），甚至連大學、中庸的註解小字也都背過，詩詞的讀和寫，也是必修的功課，更是我由衷的愛好。到了十三歲才考進了初中（註四），讀了兩年跳入高中，僅讀一個半學期，就輟學逃難了。

　　民國三十七年，我十七歲進入江陰黃山港營區接受海軍士校新學兵訓練，一年後隨校遷來台灣，在軍中前後六年無暇寫作，但是並未淡忘我對文學的愛好；直到四十五年轉入警界服務後，才有時間開始認真煮字的生活。我曾自嘲是文藝國度裡的流浪漢。因為愛好太廣；詩歌、小說、散文、戲

劇、民俗文學、書法、繪畫各項無不涉獵，從不肯自禁於某一項門外。

於是我為自己確立一項從事寫作行動中的守則：「**不求倖進，不邀虛名**」，嚴格遵守，絕不做「**沽名釣譽**」的勾當，此後凡是見有徵文比賽，不論大小獎項的消息，絕不放過參加的機會，也正是對自己不斷的考驗。先後獲得過《自由談》雜誌徵文第二名；《作品》雜誌徵文第一名；《自由青年》雜誌小說比賽第一名；香港《薰風》雜誌徵文第二名，《亞洲畫報》小說獎兩次。

後來以歌詞、相聲、大鼓詞、小說四項，先後榮獲國軍第六屆、第十一屆、十九屆、二十七屆銀、銅項獎各兩次。佳作獎一次。以及青溪文藝金環獎、銀環獎、銅環獎多次。

在創作中，以歌詞類所獲獎項最多，如教育部、教育廳、新聞局、政戰部等單位徵集歌詞前三名多次，單由音樂大師黃友棣配曲的歌詞，即有十六首之多；專為國風曲藝團寫的團歌、台南成功國中的校歌、建築信用合作社社歌、徵信新聞報社歌，以及國防大學校歌，另由李中和大師配曲的「革新、動員、戰鬥」，早年曾在台視經常播出。

小說除了在中央日報副刊發表過幾篇之外，以長篇傳記最受歡迎，第一本《紀曉嵐外傳》，總共印了二十七版，《蘇東坡外傳》印了十八版，出版公司賺滿了荷包，我因事前簽約賣斷，所以兩本書前後只賺到五萬元稿費，出版公司老闆，請我在台北一家大餐館吃飯，一見面竟對我大呼：「財神爺駕到！」他同時告訴我，《紀曉嵐外傳》在大陸已有三家出版社盜印，可謂風行一時。

　　民國七十年代，我寫過多篇長詩，最值得一提的是寫給索忍尼辛的一首題名「風雨知己」三百多行，在中央日報副刊連載三天，創下了該刊連載長詩的首例。除了在中副發表多首以外，還有〈神木吟〉及〈聖火〉兩首，分別收入《海歌》及《姐妹潭》詩集中。

　　民國四十七年，我編的舞台話劇本《怒潮》，參加教育部徵集劇本首獎，相繼以《醇酒美人》或省立圖書館徵集劇本第二獎；其後以《高風亮節》及《千鈞一髮》兩劇獲得僑聯總會主辦的前後兩屆伯康戲劇獎。

　　中國電視公司於民國五十九年開播，我為他們寫了兩年連續歌舞劇，其中包括：《香妃》、《韓玉娘》、《鳳凰于飛》、《陰錯陽差》等。後來台視的戲劇節目：「笑笑劇場」和華視的「生產綫上」，也都提供過一些作品播出。旅居法國女作家趙淑俠，在中央日報副刊發表的短篇小說「塞納河之王」，內容精彩感人，我把它放大改編成一部電影劇本，獲得中華民國電影事業基金會徵集的劇本獎。又以《喜上眉梢》廣播劇，獲青溪文藝金環獎，並由漢聲廣播電台播出。

　　民俗文學範圍很廣，我比較喜歡「相聲」和「京韻大鼓」，除了我寫的相聲段子，獲得過多項獎勵之外，另外寫過一篇大鼓詞「趙大年遊台灣」，曾獲得國防部光華文藝獎。

　　在台灣的社會，傳統的民俗曲藝很少活動，為了考慮未來的發展，我特別與同好的名作家李鳳行，合計申請成立了「國風曲藝社」，吸收年輕社員十餘人，邀請曾在早年擔任過軍中康樂隊長，且有曲藝特長的張復生先生做社長，負責教學，我則自認總幹事，掌控全盤社務。曾經多次聘請相聲大

師魏龍豪（甦）菑社指導與鼓勵，我則創作專寫本地的相聲段子「說高雄」，及數來寶段子「說鳳山」，還有大型的快書劇「糊塗縣官」。

經過多年的苦練排演，在文化中心演出後，贏得熱烈迴響，之後連演了七場，開始在學校及社區推展，還曾應邀去澎湖公演，十分成功。

最值得一提的是，社教館認為我對社教有功，特別推薦教育部頒發給我一枚「文化教育獎章」。

自民國七十六年起，有幸出入樂教大師黃友棣門下，深感其人格高尚，學識淵博，在其薰陶下，如沐春風，二十餘年來，為實踐大師「寓詩於樂」的主張，邀集高屏地區詩人及音樂家，成立「詩樂雅集」定期活動，合力創作，相繼完成許多藝術新歌曲，分別交由合唱團演唱。

後來，我所主持的高雄市文藝協會，有一份會內同仁刊物「新文壇」，自第九期開始改為季刊對外發行，每季專欄第一篇，必定是轉載黃大師著作專輯中的言論，多年來一直如此。

大師矢志以正統文化精神救活現代音樂沉疴為其遠大目標，記得有一次在音樂家劉星家中的聚會，周炳成教授提議：要我替大師寫一部劇本，籌劃演出，表示對大師獻身樂教數十年的卓越貢獻，以示崇敬與感謝。

當時在場的尚有女作家李秀，音樂家李子韶、李志衡、時傑華等人，也多表示贊同，我便欣然答應，可是一旁謙沖為懷的黃大師卻說：「何必為我大費周章，還是多創作一些藝術歌曲吧。」

接著，在一次文學討論會中，我與鐵血詩人王祿松談及

此事，他則勸我寫劇本不如寫傳記，因舞台劇看的人很少，讀劇本的人更少，而傳記流傳比較深遠，我覺得有理，於是便打消了編劇的念頭，而轉向寫傳。

既然要為大師寫傳，自然必先徵得他的同意，為了慎重起見，我先請問劉星的看法，他說依大師從不計較個人名位的性格來看，他一定不會答應。

於是，我要為大師寫傳的念頭，便冷卻下來，直到他要我寫「慈母恩深」歌詞的時候，我忍不住冒然向他陳述了為他寫傳的原委。

大師默然片刻說：「以你以前所寫的蘇東坡外傳的水準來看，你能把他一生事蹟和龐雜的大量詩文。提精擇要，寫得那麼簡潔，實屬不易，由你以客觀的立場，將我一生推廣樂教的經歷寫出，應無不可。」

得到大師的首肯和嘉勉，使我受到很大的鼓舞，於是就開始整理他的年表，由於他的著述、文集、作曲，數量龐大，詳加羅列，頗費功夫，加上他的身世、求學及經歷，斷斷續續經過三個年頭，寫了十八萬字，並經大師核閱，整篇逐字校正，訂名為《絳帳千秋》，如此才算完成，了結了我的一樁心願。可惜未能趕在他生前付梓，如今尚在《新文壇》連載，預期今年底將可核合問世。

至於書畫，本屬自幼的初愛，多年來雖然也得過幾項小獎，也開過幾次書畫個展，就不必贅述了。

驀然回顧以上這些紛亂的經歷，說我是「文藝國度的流浪漢」，可不是嗎？

註解：

註一：章台柳「空繾綣，枉纏綿，誤約黃花又一年，錦秀江山隨
　　　秋瘦，懶收拾斷簡殘篇。」

註二：搗練子「一夜寒風催冷雨，瀟洒敲碎五更，幾處雞聲，喝
　　　斷還鄉夢，她有情還似無情，我寂寞又兼冷清，冷靜、冷
　　　靜，氾氾楊舟難定。」

註三：包本「整本書都會背誦，經老師隨便提一句，即能接著往
　　　下背才算包本。」

註四：考進初中「抗戰期間學校遷至鄉野，我跟老師的兒子學過
　　　算術，所以考上了初中。」

　　　簡介：楊濤，安徽亳州人，現年八十五歲，台灣省警察
學校二十三期第一名畢業。高考及格，酷愛文藝，自嘲為文
藝國度裡的流浪漢，著作有小說、散文、詩集、劇本、民俗
等三十餘部。

從文隨憶

馬瑞麟

　　使我走上文學之路的是口頭文學與書面文學，也就是各民族的民間文學與古今中外的文學名著。

　　我的故鄉雲南澄江，是個民間文學十分豐富多彩的地方。民歌民謠、傳說故事、諺語歇後語等，特色濃郁，生動迷人。我小時在這個口頭文學（民間文學）的海洋中，接受了極大極深的滋養，對我後來的文學創作起了不小作用。從我的作品中，就可以看到它留下的影響。

　　本文重點談的是使我走上文學之路的後一種力量：書面文學，也就是古今中外的文學名著。

　　我很讚賞一位外國作家說過的一段話：「**一本書像一艘船，帶領著我們從狹隘的地方，駛向生活的無限廣闊的海洋。**」

　　我正是依靠書籍這艘船，這艘神奇的船，從荒僻的小村莊，從狹小的生活圈子裡，駛向生活的無限廣闊的海洋，駛向五彩繽紛變化無窮的大千世界。

　　我接觸到的第一本書是《天方夜譚》。

　　《天方夜譚》神奇優美的故事，使我相當入迷。我很喜

歡聰明美麗的山魯佐德（宰相的女兒）。國王痛恨王后與人有私，將其殺死。此後他便每日娶一少女，次晨又殺掉。宰相的女兒為了保護眾少女，自願嫁給國王。每夜給國王講故事，講了一千零一夜，終於感化了國王。她以長而有趣的故事和充滿智慧的口才，拯救了無數無辜少女的生命。

俄國大詩人普希金的長詩《漁夫和金魚的故事》同樣使我相當入迷。裡面的那個驕橫、凶狠、貪得無饜的老太婆，為了自己的享受，一次又一次地向小金魚提出了各種無理的要求，最後還是受到現實的懲罰，讓她依舊坐在她的門檻上，依舊看著她的那個破舊的木盆……

從此，我愛上了書。書給了我無窮無盡的趣味，給了我豐富多彩的知識。於是，我的興趣從逮蛐蛐、掏鳥窩、撈小魚轉向讀書。

我從縣民眾教育館裡借了好多書來看，除了童話神話之外，還借了《魯濱蓀飄流記》、《愛的教育》等。

讀小學時，我雖然已很愛讀書，但無人指導，進中學後，情況就不同了，遇上一個善良而博學的教國文的葉老師。他對國文課的講解，深入淺出，既生動又扎實，把國文課講到了出神入化的境界。他見我上課時很專心聽講，下課後又很愛讀課外書，便常常把我叫到他的宿舍裡去進行個別輔導，給我講了很多作家的故事，給我介紹了很多我從未聽過的文學作品。

他給我講高爾基，要我讀高爾基的《我的童年》。

高爾基的一生，高爾基的作品，給了我巨大的力量。我想，我一定要像他那樣做人，要像他那樣奮鬥，要像他那樣

熱愛人生，要像他那樣熱愛文學。

就這樣，我便成了一個酷愛文學的人，在葉老師的幫助下，我入迷地，踏踏實實地讀著古今中外的文學名著。把名著裡的不少名句名段名篇背得滾瓜爛熟。雪萊在〈西風歌〉中的「冬天來了，春天還會遠嗎？」；普希金在〈漁夫和金魚的故事〉裡的「老頭兒走向蔚藍的大海／開始叫喚金魚／金魚向他游過來，問道：『你要什麼，老爹爹？』」；徐志摩在〈再別康橋〉裡的「輕輕的我走了，／正如我輕輕的來；／我輕輕的招手，／作別西天的雲彩。」；臧克家在〈難民〉裡的「日頭墜在鳥巢裡／黃昏還沒溶盡歸鴉的翅膀／陌生的道路，無歸宿的薄暮／把這群人度到這座古鎮上。」；艾青在〈我愛這土地〉裡的「為什麼我的眼裏常含淚水？／因為我對這土地愛得深沉……」；郭沫若在〈地球，我的母親！〉裡的「地球，我的母親！／天已黎明了，／你把你懷中的兒來搖醒，／我現在正在你背上匍行。」

在刻苦閱讀名著的同時，葉老師還指導我寫了一些反映四十年代農村現實生活的詩與散文。葉老師從我的習作中選了兩篇推薦給雲南日報副刊，沒想到這一首詩和一篇散文，居然還先後在該報副刊上發表出來。

生活經歷對一個人的影響很大，它不僅影響著我的讀書興趣，也影響著我的寫作興趣。我讀寫農村題材的作品感到親切，我寫反映農村題材的作品感到順手，那時我寫了不少這方面的作品，曾蒙臧克家先生肯定過並向當時雲南青年詩人彭桂萼彭桂蕊推薦過的〈父親和他的黑布襖〉就是其中的一篇：

父親和他的黑布襖

孩提時難忘的一個清早，
我和鋤頭站在一起比高。
還認認真真問父親：
"阿爸，我有幾歲了？"

父親不說我有幾歲，
只拉拉他的黑布襖
笑著搖搖頭：
「你？沒有它老……」

黑布襖喲黑布襖，
早些年就見父親穿著了，
穿著在田裡拔草，
穿著在田裡撒肥料。

旁人問：
「你怎麼不脫掉？」
父親說：
「脫了就病了。」

我在外漂泊了幾年，
生活把我又趕回山坳。
回到家裡一見父親，
淚水忍不住往下直掉。

父親臉上皺紋摞皺紋，
駝了脊背弓了腰。
然而依舊穿著那件破布襖，
風裡雨裡拔草撒肥料。

拔了一輩子野草，
撒了一輩子肥料，
幸福始終沒有拔來，
災難始終沒有撒掉。

我為可憐的父親痛心，
我為中國的農夫氣惱。
不知天邊的那顆啟明星，
何時才能在這兒照耀？

　　　　　一九四五年二月初稿於澄江
　　　　　一九四七年一月改於澄江

　　在友人的幫助下，在重慶昆明兩地先後出版了我的第一本詩集《河》。

　　《河》的出版，我很高興，我的國文老師似乎比我更高興。我一再感激他的教誨，他卻說：「是你苦出來的。」並且望著窗外那盛開在寒風中的梅花，意味深長地說：「寶劍鋒從磨礪出，梅花香自苦寒來。」

　　讀了古今中外的經典著作，接受了古今中外經典著作的影響，我便一本又一本地寫出了詩集、詩論集、散文詩集、兒童文學集二十多本。其中的寓言散文詩集《搖籃》以漢語與阿拉伯語雙語形式出版；《馬瑞麟短詩選》以漢語與英語雙

語形式出版。作品《「咕咚」來了》《馬瑞麟詩選》《深山鳥鳴》《高原之歌》等，先後榮獲國家級、省市級各種文學獎項多次。每出版一本書，每獲得一種文學獎項，我都會想起我的啟蒙老師，同時也會深情地想起我的故鄉。我的啟蒙老師指點著我走上文學之路，我的故鄉從精神上給了我豐厚的滋養，人文的滋養，自然的滋養。沒有啟蒙老師的指點，我走不上文學之路；沒有故鄉的滋養，我在文學之路上就會走得無力。

　　文學伴我走了一生，文學充實了我的一生，這一生我是很幸福的，最後，用四句詩結尾：

　　　　雕蟲屠龍過一生，春風秋雨伴孤燈。

　　　　不羨烏紗黃金屋，但憑真情識詩魂。

　　簡介：馬瑞麟，回族。雲南澄江黑泥灣人。一生從事教育工作及文學創作，出版詩集、散文詩集、詩論集、兒童文學集二十多種。個別作品分別以中阿與中英雙語形式出版。中國國際廣播電臺與雲南人民廣播電臺曾分別用阿拉伯語與漢語以《笛聲悠揚頌祖國 —— 記回族詩人馬瑞麟及其作品》、《詩情恰似滇池水，雲雀歌聲繞賀蘭 —— 訪回族詩人馬瑞麟》為題，向國內外聽眾介紹過他和他的作品。寧夏人民出版社等四家出版社出版過《馬瑞麟創作研究》一至四輯，對他和他的作品作了全面而細緻的研究。馬瑞麟現為中國作協、雲南作協、昆明作協會員。

漫漫詩路留餘香

古繼堂

　　自幼，我是一個酷愛幻想的小孩。記得五、六歲時，父親兄弟三個分了家。除了分得幾畝薄田之外，能夠充饑的，就那麼幾斤紅蘿蔔。一家五口就靠它活命。因寄住在伯父家中，夜裡，媽媽和兩個姐姐睡在一張床上。我和父親睡在一張床上。北方的冬季，冰天雪地。上面蓋著一個比磚頭還硬的被子。下面就躺在光光的蓆子上。不過，人窮幻想卻特別富有。尤其凍得不能入眠時，稀奇古怪的幻想如潮水奔騰。上天入地，那都是小菜一碟。許多時候，是駕著彩雲在太空翱翔。這大概就是當詩人的基本素質。而我母親給我設定的人生目標是，當一個木匠。一生在室內幹活，風吹不著，雨淋不著。

　　生活在那個年代，人生是不由自己選擇的。歷史的大潮將你捲到哪裡，你就只能待在哪裡。在歷史大潮的裹挾下，我一個唯讀了四年小學的農村野孩子，竟然一躍而成了縣裡的稅務官，再一躍又當上了法院的少年法官。再一躍，又成了名牌大學中文系的畢業生。當然，這三個「一躍」是以巨

大努力為代價的。為了實現詩人夢，拒絕公家保送上大學法律系的承諾，選擇了二十一天內，每天只睡兩三個小時的覺，幾次誤將饅頭蘸墨汁吃下肚，背熟了別人幾年才修完的中學課程，而考入了大學中文系。留下了「一步登天」的美名。上大學的夢圓使我堅信，世界上只有圓不了夢的人，而沒有圓不了的夢。進入大學中文系，不僅為我的詩人夢樹起了階梯，而且更為我打開了廣闊的文學之路。它大大地提升和鼓舞了我人生的品質和勇氣。

在大學讀書期間，是我最幸福的時光。詩和愛情左右逢源。讓同學們羨慕不已。一次上課前，一個同學看到我和胡時珍進教室，就在黑板上寫了這樣幾個大字「李白和林黛玉」。儘管李白和林黛玉相隔幾個朝代，而我的心裡卻是熱乎乎的。非常佩服這位同學，一眼就看到了詩和愛情的結合。一九六四年，是我大學畢業之年。面臨嶄新的人生選擇，心潮澎湃，夢想多多，思如潮湧。此時我接受了中文系學生會的一個任務，為中文系的畢業生寫一首送別詩。這個任務正中我的下懷。為我衝動難抑的詩情找到了一個噴口。在滾滾激情的衝擊下，一首熱情奔放，火花四濺，充滿人生幻想，又設定條條人生之路，指出種種跋涉困難，又燃起人們奮進火焰的〈畢業之歌〉，很快就面世了。這首詩有著很強的時代烙印，它是青年人奮進的鼓點，它是革命者出征的號角。這是一首長句子大容量，專為朗誦創作的抒情長詩。它在校報上刊登後，被眾多人傳誦，我分配到中央機關工作後，又被同事們在多種場合朗誦過。後因「文革」而丟失。至今，時光已經流過五十年，我仍然記得其中有類似這樣的句段：

我們畢業了
但又是剛剛起步
讓我們張起知識的風帆
無畏地航向未來的人生之路

不要以為前方會一帆風順
每一段路都會有激流漩渦險灘
我們是剛出閘的水，寧進不退
我們是才出爐的鋼，寧折不彎

　　一首得意之作，它必定會久久地刻印在作者的腦子裡揮之不去，甚至會產生母體效應。這首詩在我的早期創作中，佔有比較重要的地位。雖然形體上已經失去了它，但是，每當回首，它總是像一隻絨絨的小貓，貼著我的肌膚。

　　在文學道路上，我是多頭並進。詩、散文、文學評論、文學史研究、影評均有涉獵。不過，從心靈的天平上來度量，詩，是我研磨心血最多的，文學研究是我成果最多的，也是我賴以生存的資本。所以我常常被稱為「文學評論家」和「文學史家」。雖然我出版過兩本詩集，詩作也常入選兩岸名家詩選，但是，詩人的頭銜只是偶爾與我的頭有所接觸。在文學史研究方面，《臺灣新詩發展史》、《臺灣小說發展史》、《臺灣新文學理論批評史》和我任主編和作者之一的《簡明臺灣文學史》，是被熱情的評家們炒得很熱的著作。相對的，我的詩作只是偶爾進入評家們的視野。不過值得欣慰的是，

本人有三篇作品被選入兩岸中小學教材。詩作〈長城〉入選中國小學六年級課本；散文〈豚齋的主人,文壇的驕傲〉入選臺灣中學教材。散文〈再見高陽〉入選杭州鄉土教材。在我的詩歌創作中，還有記憶比較深刻和值得一提的幾件事。一是我的第一個組詩「天安門」包括六首小詩，即：〈天安門〉、〈人民大會堂〉、〈故宮〉、〈長安街〉、〈萬壽殿〉、〈宮牆〉。於一九七九年最後一期《星星詩刊》發表，它是我成為一個詩人，邁入中國當代詩壇的一個標誌。這組詩寫於上個世紀七〇年代末，那是動亂即將結束，安定行將開始，時局的瞬息變化，逼迫人們強化思考的季節。我借助眼前的景物，痛快淋漓的，比較深刻地抒發了我人生複雜的遭遇和感慨。如〈人民大會堂〉一詩：

> 沿著大理石的台階，
> 我一步步地登上人民大會堂。
> 在這萬峰採來的山石上，
> 我把歷史的回音踏響。
> 當那難耐的羞愧，
> 悄悄地墊在我的腳板上。
> 被歷史撞痛的心壁啊，
> 卻有飛紛的鏽斑颷降。
> 於是我有了自信：
> 能夠承載起歷史的重量。
> 作塊合格的磚石，
> 坎在二樓或三樓的台階上。

　　這一首詩是個體和整體的連接與契合。是個人命運與國家命運無間道地鍛鑄和滲透。它標誌一種深沉的人生醒悟和成熟。二是，我創作於上個世紀八〇年代初的《臺灣風情》組詩十二首，獲得了新詩創作佳作獎。這組詩深沉浪漫，氣度開闊，情景交融，思詩相扣。由於寶島的景色之美，也使我的詩變得華麗多姿。如〈蝴蝶谷〉：

> 飛起來
> 一片班瀾的天。
> 沉下去，
> 一汪絢麗的湖。
> 湧動，
> 似彩色的波濤。
> 旋落，
> 像繽紛的瀑布。
> 哦，飛騰，
> 是求理想。
> 旋舞，
> 為尋出路。
> 只要心中有個春天，
> 就不會葬美於峽谷。

　　臺灣寶島的美景很多，每次臺灣之行，我都心曠神怡，留連忘返。這組詩，一詩一景，寫了臺灣十二景，只是劃龍點睛。本人還有一些描寫臺灣風情的詩，因不在該組詩之列，

這裡不述。其三，我曾因詩惹禍。我的詩作不多，經歷卻相當豐富。一九八〇年早春三月，天氣還很寒冷。而我經歷了一件比天氣更寒冷的事。我在四川《星星詩刊》上發表了三首詩。其中一首叫〈錨〉。當時全國正在如火如荼地開展「清理精神污染」運動。一天突然看到，四川省作家協會的一個理論刊物上，有一篇批判我的〈錨〉的文章。標題是「有詩為證」。誣說拙作是反對「清理精神污染」的。我的頭一下懵了。因為這帽子一旦扣上，可能就要大禍臨頭。我的〈錨〉是歌頌錨在大風大浪中保護船隊免難的英雄行為的。但當時有理難辯。後知，批我者是個「左棍」。文章牽強附會，漏洞百出，無人回應。我亦有驚無險，不辯自白了。只是稍稍感到，彷彿被臭蟲咬了一口。其四，本人在寫短詩方面，有一些比較獨特感受。我曾經寫過一篇短文「短詩的創作體會」，收在臺灣文史哲出版社出版的拙著《古繼堂論著集》中。該文從我的創作體會中為短詩創作概括了四條經驗。一、蘊蓄飽滿，循序投注。二、把握意象，昇華思想。三、抓住事物兩極，縮短描繪旅程。四、點石成金，釋放詩意。本人認為：**詩只有長短之分，而無大小之別**。許多情況下，短詩比長詩的容量還要大。而短詩，要想確實作到短，最重要的藝術手法之一是，能夠點石成金，使客體頓時，像魔術一樣釋放出詩意。本人有一首短詩〈楓紅〉：

　　楓紅啊，楓紅
　　你這個奇特的精靈
　　孕育於泥土

> 展示於天空
>
> 蔓延於千山萬嶺
>
> 但是，你只有紅成一面旗幟
>
> 才會有山搖地動

　　這首只有七行的短詩，展示出一幅轟轟烈烈而又無邊無際的武裝革命暴動的場景。這首詩是我二〇一一年在加拿大阿崗昆國家公園的鐵塔上，眺望無邊無際的紅葉盛景時，頓然將無邊的紅葉和鐵塔上飄揚的加國楓葉國旗迭印在一起。腦子裡產生出了紅葉、紅旗、滿山遍嶺，無邊無際的意象。我興奮得了不得，感到一首好詩誕生了。不過，加拿大的楓葉國旗，並沒有那種武裝革命爆動的功能。我從加拿大的國旗又聯繫起了中國共產黨的黨旗。黨旗下出現了那些高舉著斧頭鐮刀，燈籠火把，從茅屋，從礦山，風湧而起的場面。於是這首詩便霍然地誕生了。一首詩的成功，不一定是一種意象和思維的結晶。它很可能是多種意象和思維交織融合的產物。詩人儲存的思維越多，越豐富，他的想像就越活躍，越發達。詩人的想像越活躍越發達，詩意的含量就越廣闊，越飽滿。短詩創作還有很重要的一點是，詩的主題和指向，要盡可能作到具有一定的不確定性和糢糊性。本人的「古巴遊」組詩中的一首〈對季節的不同理解〉是這樣的：

> 三月初的加拿大
>
> 冰天雪地，一望無際
>
> 而此時的古巴

卻是烈日炎炎，烤焦面皮

雖然住在同一個世界
季節卻是不同的含意
加拿大人成群結隊到古巴避寒
古巴人卻說自己是生活在冬季

其實，冬季還是夏季各自藏在心底

　　這首詩的前八句，明白無誤的講的是加拿大和古巴不同的自然季節。而第九句的出現，使詩的意念叢生。詩的主題和指向，頓時發生了轉移。於是全詩變得朦朦朧朧。出現了月朦朧鳥朦朧現象。達到了突出詩美的效果。

　　詩是世界最美東西。而詩人是這美的發現者和創造者。因而評價一個詩人，不應該是看他創作了多少詩，而應該是看他為世界創造了多少美。因為詩和詩之間，美的含量是不一樣的。

　　簡介：古繼堂，一九三四年六月出生於河南省修武縣小古莊，一九六四年武漢大學中文系畢業。中國社會科學院文學研究所研究員。中國作家協會會員。鄭州大學，華僑大學，同濟大學兼職教授。出版過《古繼堂詩集》、《古繼堂短詩選》。另有散文集和學術論著二十餘部。是大陸臺灣文學研究的拓荒者。為國家級有突出貢獻的學者。現居加拿大多倫多。

山路上行走的詩人

益　人

　　從中學時代愛好詩歌，一晃就是半個多世紀。亦如在彎彎的山路上攀爬，點點滴滴，凝結著耕耘的辛苦與快樂。

一、一條葛藤似的路

　　小時候，我喜歡在奶奶的紡車旁聽奶奶給我說曲兒，樂在媽媽的針線蒲籃旁聽媽媽給我教兒歌。還很高興地跟在爸爸的犁耙後，聽爸爸甩著響鞭，吼著秦質秦味的秦腔。爸爸當了村幹部，手頭上常有報紙，我是近水樓臺先得月，讀、剪、貼，忙得像蜜蜂採蜜一樣。

　　初中二年級，清明節時老師帶我們去給康行革命烈士掃墓，語文老師李公正朗頌了一首獻給烈士的長詩。那動人的情節，深沉深情的韻律深深地打動了我，從此我愛上了詩歌，愛上了文學，一愛就是半個世紀。雖收穫甚微，仍在苦苦爬坡，一點也不敢鬆懈，因為這是我精神的家園。

　　文革歲月，無繼續上學的機會，我走向了社會。在農村

和農民一塊兒勞動，在工廠和師傅一起幹活，又在縣棉花公司車間當技工，後任教師。不論幹什麼，我都沒有放棄創作。在這方面，父親曾給了我至高至善的理解與支持。一九七三年，我的第一首詩歌刊在戶縣《文藝創作選》上。又隔兩年我的一首兒歌〈泥腿子也能當畫家〉被陝西人民出版社出版的《新兒歌》一書收編。一九八四年我的〈畫鄉、詩鄉〉一詩發在《西安晚報》。從此，一發而不可收。

　　為了提高詩藝，我從圖書館借來中國文學史、簡明文學史，認真閱讀。背毛澤東詩詞，讀朱德、董必武、陳毅、葉劍英的詞，讀賀敬之的《放歌集》，讀魏鋼焰、印度泰戈爾的詩，讀唐詩宋詞等。找來怎樣寫詩的書一本一本讀。遇到生字、難詞查字典、詞典，不懂的地方請教他人。後又參加遼寧當代詩歌函授學習，一邊學習一邊創作，接受輔導老師的指導，像螞蟻啃骨頭一樣探索詩歌創作。

　　創作離不開生活。戶縣是蜚聲中外的農民畫之鄉。利用節假日，我走訪王景龍、柳緒緒、李鳳蘭、潘曉玲等農民畫家，看他們作畫，參觀畫展，和他們交朋友。一九八七年九月，我應陝西農民報、農家信使報、陝西電視台等單位聯合舉辦的陝西省首屆農民「豐收杯」賽詩會，以本鄉農民畫家王景龍的事蹟為內容創作的〈加拿大朋友到我家〉一詩入選，在省電視台朗誦決賽獲獎，現場直播。原作收入獲獎作品集《鄉音》一書。當時的人民日報海外版對這一盛況做了報導。

　　之後，寫作激情高漲，創作了不少詩歌。一九九五年教師節前夕，西安市群眾藝術館《群眾藝術》主編何明老師約稿，要我以詩歌形式寫一位教師。我騎車往返百餘里去全國

勞模、民辦教師謝有德的家中採訪，後翻山越嶺冒雨去他任教的學校和山村實地考察，還找到了他工作的那個鄉鎮文教專幹與其懇談，撰寫出二百六十餘行敘事長詩《彎彎的山路》。汗水、雨水和深情融入了那長長的詩行。它先刊發在戶縣畫鄉詩社社刊《畫鄉詩浪》、《群眾藝術》全文刊發並加了編者按語，《陝西教育》雜誌節選刊載。七月派著名老詩人、中國作協會員侯唯動和文朋詩友把它譽為我的代表作。正像老詩人李尤白先生所評價這首詩：「**既是對他神聖職業的形象概括，也是他在詩藝上不斷長征的藝術心路歷程的寫照，即是對他過去坎坷道路的描繪，更是對未來充滿信心的展望**」。

　　人生就是一條長長的葛藤，而藤上的結和疙瘩就是磨練人意志的障礙。

二、一掬山泉似的詩

　　詩歌創作，我始終不渝地追求通俗易懂的語言，真摯深切的情感，新穎獨特的意境，琅琅上口的韻律，使我的詩作真正成為人民大眾的知音。我較早的詩歌不少刊發在陝農報、農家信使報上。例如「*一眼山泉/ 漣漪圈圈/ 彎彎曲曲的意境/ 一步一個坎坷// ……山泉　大山的眼睛/ 女兒一支清亮亮的山歌*」〈山泉·女兒〉

　　我常寫的對象：我的父母、妻子兒女、深山裡的二叔、農民工、清潔工、護士、郵遞員；農民畫家、農民思想家、詩人、教師、學生；奧運聖火、絲綢之路，等等。寫平凡的

世界裡的平凡的人的生活、興趣、愛情、憂愁、憎惡、信念、理想。當我在西安大街看到高樓清潔工「……// 站在樓下望你／ 我膽戰心驚／ 一個農民工／ 我的兄弟／ 怎能不讓親人掛肚牽腸// 我仰望／ 你如燕的身姿／ 與太陽親吻／ 與白雲握手／ 不知夜宿何處／ 家在何方// 思忖良久／ 我笨拙的筆竟描不出心裡的感動」〈高樓清潔工〉。臘月，在火車站看到農民工焦急回家的情形，我在日記裡這樣寫道：「羊皮襖裏挾風塵／ 竹背簍盛載艱辛／ 遙望那回家的路／ 彎曲著夢裡的根／ 一幢幢窯洞 根梢上的燈魂」〈歸途〉

二〇一三年九月，習近平總書記在烏茲別克斯坦進行國事訪問時，一幅地圖引起了他的注意，指著地圖右邊的一處地方對陪同他的卡里莫夫總統說，那裡是西安，絲綢之路的起點，也是我的故鄉。並提出要建立絲綢之路經濟帶的戰略構想。圍繞習總的論述，我先後創作了〈絲路起點‧笛韻飄渺〉等詩四十首。二〇一四年一月九日臺灣《世界論壇報》首刊〈不息的駝鈴〉一詩，台灣《葡萄園》、《大海洋》詩刊相繼發表或轉載，西安《群眾藝術》、《畫鄉文化》也刊發了這方面的詩歌。為建立絲路經濟帶搖旗吶喊，推波助瀾。

寫農民畫家和他們的作品，是我寫作以來主要創作的內容之一。這一方面有不少作品獲獎。二〇一四年根據戶縣縣委宣傳部意見，為公益廣告戶縣農民畫配詩四十多首，宣傳部和文明辦編輯出版的《圖說我們的中國夢》、《保護環境、治汙減霾》等畫冊選用十二首；西安東西南北主要大街壁畫均有選用；《西安晚報》公益廣告欄目已刊用十多首；西安盛龍廣場等大型熒屏滾動播出；西安有的公車內熒屏播出。

作品就是一滴滴的山泉，滋潤了一雙雙饑渴的眼睛和心靈。

三、一捧鳥鳴似的歌

八〇年代前後，我寫了一些一至三行的小詩，刊發在《群眾藝術》雜誌、《教育管理報》、《新疆教育報》等七、八種報刊。二〇〇三年以後，讀台灣《葡萄園》詩刊，欣賞到短小精悍的三行內小詩，後來得知叫微型詩。一邊讀，一邊學寫。這一時期，四川的《太極湖》、台灣的《大海洋》、《葡萄園》詩刊、《世界詩壇》、《陝西詩詞界》、北京的《稻香湖》詩刊、新加坡《新風》《世紀風》詩刊、澳洲《彩虹鸚》詩刊等均給予了刊用。後又從《葡萄園》讀到香港微型詩家怡凡的名字，通過與葡刊主編台客先生溝通，與怡凡及重慶華心先生聯繫上了，他們給了我熱情的鼓勵和極大的支援，使我走進了中國微型詩社和中國微型詩網，大開了眼界，結識了更多的詩友，發表了不少作品。同時，我利用課餘時間，辦了數期靈活多樣的短訓班，培養了一批又一批小作者，《中國微型詩》刊、《詩海淘金》、《當代微型詩 500 首點評》、台灣《葡萄園》詩刊等均為他們提供了展示的平台，這是我最欣慰的。

隨著鑽研、采風和寫作地深入，戶縣著名作家耿朝暉、西安月人張一楠、四川傅智祥、潘興斌、北京王耀東、臺灣朱學恕、台客、王幻、新加坡劉情玉等先生和文朋詩友給了我無私的幫助，才使我融入了微型詩和它的隊伍。

微型詩沒有辜負我。我常在山路覓拾被太陽映亮的露珠，在海灘撿拾濕漉漉的貝殼，在曠野森林採擷一朵朵馨香

的野花，把它捧獻給我的父老鄉親，捧獻給寄予我厚望的老師，捧獻給文朋詩友和讀者。令我最難忘的是，臺灣老詩人魯松曾寄我一本《雲山蒼蒼》的詩集，讀後以微型詩形式寫了兩節〈雲與雨〉：「從海峽那邊飄過來一片雲／雲朦朧　月朦朧／眼眸也朦朧／／　從海峽那邊飄過來一點雨／　雨朦朧　情朦朧／　亦如海峽的水撞入我心胸」刊發在台灣《葡萄園》詩刊第一八三期。香港著名女歌唱家、作曲家陳年芳老師讀到後欣然為它譜曲，這支歌像插上了翅膀，從香江飛到我的故鄉，流淌在我和學子的心上。

　　二〇一三年年底，有北京文天在線圖書有限公司徐剛總裁的鼎力相助，文源先生的艱苦付出，我的微型詩集《山路轉了幾個彎》入選「中國微型詩叢薈萃系列卷」在北京問世。

　　微型詩就是一粒粒清脆的鳥鳴，洗亮晴空和我們的心境。

2015.03.24 於西安

　　簡介：益人，原名肖益人，西安市戶縣人。現為西安市作協、陝西省作協、中國微型詩社等會員，微型詩家。一九七三年至今先後在臺灣、香港、新加坡、澳大利亞等海內外有關報刊和廣播電臺發表詩文數百首（篇），有詩獲獎，出版詩集《彎彎的山路》上、中兩冊，微型詩集《山路轉了幾個彎》。

難忘的「萬水千山」

斯　原

　　高小、初中、高中是我最早接觸、喜歡上和嘗試著創作文學作品的三個不同階段。十一歲前後偶然讀到一些文學書刊，被深深吸引。大人見我抱著很厚的書長時間看，好奇地問那些字你都認識嗎？我點一下頭又搖搖手算作回答。到初中，除了借閱當時的紅色經典作品外，就是到閱覽室翻看文學報刊，特別喜歡短小的詩歌和散文。高中有一年多是在邯鄲第四中學讀的。這個中學有個很好的做法就是每學期舉辦兩次學生作品朗誦會，全校師生參加。我有三篇作品被選中，其中包括〈登鼓山記〉和〈謁晉冀魯豫烈士陵園〉兩篇記敍文，還有一篇類似小說，叫〈辦電故事〉。我那時口拙，都是請口齒比較好擔任學校業餘廣播員的同班一位女生代誦的。五十年後，在一位男生幫助下，我電話上聯繫到她，她竟然不記得此事，甚至也不記得我這個人，這讓我不無失落。當然即使她什麼都記得，也不像那男生在網上說的我找到了什麼初戀情人，子虛烏有。

　　四中並未把我領進文學之門，但給了我最初鼓勵。喜歡

閱讀文學作品的習慣一直陪伴我到如今。購閱的訂閱的別人贈閱的加上借閱的肯定超過萬卷了，因為穿在一起的一萬卷竹簡想來並不能刻寫太多內容。這可以稱作我的「萬水」——人們愛用水比喻書，如浩如煙海等。愛讀書多讀書到底是好事還是壞事，我說不清楚，這倒不能歸結為「知識越多越反動」，但因為讀書多出了問題的反面例子不勝枚舉。與「讀萬卷書」連在一起的還有「行萬里路」。

我的行萬里路分為兩個階段。一是高中畢業後參軍、上軍校和在部隊工作期間，北方南方，又南方北方調動多次，走了不少路。期間有很多出差、集訓、探親、外出參觀學習等機會，都要走路。只拿全軍百多所院校來說，我走過的超過半數。特別是八〇年代中期開始，被總參、總政、總後有關部門及我所在總參信息化部抽調很多次，去採訪、撰寫、拍攝有關電視片，動輒跑遍全軍各有關單位。信息化部所屬各部由於遍佈長城內外，大江上下，跑一遍就是半個中國，我跑過好幾遍。二是退休後參團旅遊，先後到了亞洲、澳洲、歐洲、美洲等約二十個國家，國內的三十四個省、市、自治區、特別行政區等，均有涉足。這些加起來何止萬里路！恐怕十數倍不止。這應該是我的「千山」——路總是不平的，路上總會有山嶺起伏。愛走路多走路究竟是好事還是壞事，我也說不清楚，從小就常聽大人對不安分的孩子說「不老實呆著，瞎跑什麼！」

萬水千山據說是成就事業培養人才的必要條件，比如中國革命就經歷了萬水千山，許多大作家大詩人也都有著自己的萬水千山，不讀書不出門而成了作家詩人的似乎不曾有。

但我的萬水千山並未把我帶進文學之門，其中原因容我下面道來。儘管如此，我對萬水千山還是充滿著難忘和感激，它給了我薰陶和鍛煉，給了我許多敲打文學之門的零零碎碎的磚塊，成為我生活乃至生命的一種方式。自從喜歡上文學，感到好像得了一種寫作病，前四十年離不開筆，後二十年離不開鍵盤，每天都要寫或敲點什麼。幾十年來日記、筆記寫了上百冊；出版散文集二部，詩集四部，發表各類詩文數百篇；編纂了散文集、詩集各二部，是我寫作病的內科症狀。由於宣傳工作的需要，撰寫並被採用（放映和播出）各類影視新聞片、紀錄片、專題片、藝術片等五十多部，有的在全軍巡迴放映，有的在中央、省市電視台或總部會議上播出，有的下發全軍各部隊播放學習；由於教學工作的需要，編寫出版詩學論著、影視學論著各一部，編寫教材、講義、教輔讀物等十五部，參與編撰理論著作四部；由於交流的需要，寫作、發表書評、書序、有關學術文章數十篇，是我寫作病的外科症狀。隨著寫作病的日益嚴重，先後被吸收為重慶市作協會員、四川省作協會員、中國作協會員；在重慶直轄前後，連續三屆被選舉為重慶市文聯常委、作協主席團委員、毛詩會副會長、新詩學會理事、散文學會理事；曾擔任重慶通信學院普通高等教育文學藝術中心主任，現擔任《銀河系》詩刊副主編和重慶師範大學海峽兩岸詩歌研究所特聘研究員；獲得過全國、總參、總參信息化部及重慶市有關文學、影視作品等獎項，是衡量我寫作病的一些有關資料。

　　我之所以說萬水千山並未把我帶入文學之門，是積數十年之經驗，感到文學不在萬水千山之中，而是在其外，在人

心裡面。因此我對這部由臺灣文史哲出版社老闆彭正雄支持，知名學者、詩人、作家陳福成任總編輯，熱情勤奮的詩人台客任執行主編的詩人作家創作回憶錄取名《回首千山外》的外，很有同感。文學離不開千山，但不是千山本身，是千山之外的那一顆靈魂，那一點神思。有好多次當我說到未能進入文學之門的話後，一些同好就挖苦我牽著鬍子過長江——謙虛過度。他們說開玩笑，中國作協會員全國只有萬把人，比高幹人數還少，那門檻很高的，你當都當了，怎能說未進文學之門呢！這裡面的規矩我當然是知道的，當初入重慶作協被告知基本條件是發表過十萬字以上作品，四川作協加一條必須出版過著作，中國作協是出版過多部有較大影響的著作。但我越來越覺得作協之門和文學之門不是同一個門，進了作協之門當了所謂的作家詩人不等於就進了文學之門。作協之門是有形的，文學之門是無形的。進了作協之門而未進文學之門的人，以及未進作協之門而進了文學之門的人都大有人在，我是前者。

　　如果說幾十年來在文學方面有什麼甘苦和感悟的話，最深的就一條：文學是最美的美女，求之而不得，只能時近時遠窺望她的面容和身影；文學是最神聖最神秘的殿堂，欲進而不能，只好在它的門外躑躅流連；文學的真諦存在於一切常理之外，無論靠什麼教科書和哪怕最權威老師的指導和引薦都不可能得到它。文學需要的不是勤奮，不是執著，也不是愛好，靠這些只不過在文學的大門口多望幾眼多轉幾圈而已。文學需要的是天分，是悟性，是繆斯的眷顧、啟示和注入。缺少天分而又喜歡怎麼辦？沒辦法，哪怕你為此得病而

死，她也不會救贖你。死就死了吧，為愛而死，也是一種心願。大多數愛好文學的人都是這樣死去，死而無怨死而無悔。

我已經七十多歲，對閱讀和創作沒有更多期許，但數十年來的愛好不會改變。只要眼睛好，會繼續閱讀下去，我的夢中情人是永遠年輕永遠漂亮的。也會繼續寫一些東西，儘管肯定是平庸的上不了多大檯面的，不過習慣性地撿拾並不再怎麼需要敲打文學之門的磚塊而已。但我相信我的來生或再來生一定會進入文學殿堂登上文學高山。富不過三代窮不過三代，文學也是這樣。

簡介：斯原，本名師運山，男，1943 年生，河北邯鄲人。曾任教於重慶通信學院，現已退休。

東歐風情　皇宮石雕

跋涉詩路上的憂樂悲歡

張曉陽

1

饑餓的童年，聽爺爺為我吟誦一首又一首的唐詩；奔波的中年，在抑揚頓挫的沉吟中眺望遠方的晨曦；退休後的老年，在都市的水泥森林裡築夢寫詩。

一輩子與詩為伴，是我的宿命與幸運，也是我的精神慰藉。

2

從昨天的時光中迷失，靈魂在都市的夜空漂泊；夢遊中叩拜遠去的先賢，再用幻想編織一件禦寒的冬衣；曲終人散後的傍晚，看一朵白雲在夕陽的火爐裡被慢慢烤紅。

七十歲寫詩，是為了找回七歲時候的那顆童心。

3

詩有何用？詩人何為？在這沒有錢就萬萬不能的金錢至

上年代，不合時宜的詩歌只會讓你窮愁潦倒，淪落一生。

趕緊回頭吧！一位早就與詩分道揚鑣的朋友多次告誡我：有本事就去賺錢，沒有本事就去廣場健身。不要搞這勞什子了！

4

多年與詩為伴，老來怎忍分離？積習難改的我，還是辜負了這位朋友的「關愛」、「愛護」與「忠告」。

面對茫茫戈壁，決意去尋找綠洲。天涯行旅，我行我素。跋涉的詩路上，一個癡迷於詩的老人，依舊一意孤行。

5

去《易經的天空》探險，在《一場沒有硝煙的戰爭》中感嘆人生。孤寂中種植一株《西風秋雨瘦竹》，再一步步《走進眾妙之門》。《二十四橋明月夜》，雨花台下自沉吟。一個老人《在昨夜的夢境中沉浮》，不知今夕是何年。

回望千年風和雨，《青史有淚亦有夢》。《亂世學魂》【注】，嗚咽汨羅。春雨《江之韻》，秋夜《葡萄園》。穿過花甲的淒婉與悲壯，我在鍵盤上一遍遍敲擊著春的旋律。

【注】以上《》內，均為我近年問世的書名、或者詩作的標題。

6

與詩相伴，以文會友。互聯網上結新交，海角天涯若比鄰。交流資訊，切磋詩文。談詩論藝，千里知音。從執著的文字雕琢中，體悟詩意盎然的人生。

平仄聲中覓新意，新詩改罷自長吟。詩，開拓了我的視野；詩，洗滌了我的心靈。詩意的陽光普照人間，一顆衰朽的靈魂得到提升。

7

秋窗憶昔，不禁想到了我那一直生活在鄉村的母親，想到了我的故鄉、我的童年。

從鄉村到都市儘管已經六十年了，可是，我總忘不了門前的那口老井，忘不了村頭的那片梨園，更忘不了頭頂那明亮的藍天、白雲，還有天空那輪圓圓的月亮。

是十六年的鄉村生活，讓我這輩子與詩相伴。

8

六十年後回鄉，那剪不斷、理還亂的鄉愁，讓我在一種依依不捨的懷舊中，看到了熱鬧表像背後的空前沉寂。

對於我，這次故鄉的行走是一種凝視，它見證著一段天翻地覆的歷史，見證著這些年來我在詩路跋涉中的酸甜苦辣與憂樂悲歡。

9

意象的捕捉，語言的錘煉，形式的更新……

世俗化的生活場景，社會底層的淚與夢，靈魂的孤寂、搏鬥與掙扎……

夜晚的星空下，接收到廣袤而又神秘的世界發來的資訊，感受到詩歌帶來的一種難以言喻的喜悅，我終於在沉吟

中看到了一束奇妙的光。

10

望著西方的落日，漫步在雨花台下的黃昏。回望歲月滄桑中的顛沛流離，在一種百感交集的心態中獨自沉吟。

那一個個秋風蕭瑟的夜晚，從此在抑揚頓挫的詩意中不再孤寂。

詩人的思維是流星的軌跡。詩的本質是心靈的夢囈，是靈魂的一隻眼睛，也是靈魂的祈願與低訴。能夠在都市的水泥森林裡築夢寫詩，讓我在一種生命的疼和痛中感悟這個世界的靜謐。

是詩歌幫助我找到了自己的安身立命之所。

11

「無用」的詩歌承載著夢想的功能，閃耀著思想和藝術的雙重光芒。詩雖「無用」，卻影響著一個國家的興衰，影響著一個民族生活的精神品質。如果沒有了詩歌，人類必將喪失記憶、喪失想像力和創造力，最終喪失的是存在的意義。

如果沒有了詩歌，一個民族、一個國家也就沒有了希望。

走自己的路，讓失望的朋友去歎息吧！

12

一切皆流，無物常駐。神馬都是浮雲，所有的喧鬧必將歸於沉寂。

在這個星球上，炫目的榮華富貴、迷人的燈紅酒綠都會

消失。那變化莫測的美麗與邪惡、光明與黑暗，終有一天會被時間消弭為一灘歷史的廢墟。

能夠與世長存的，唯有人類的夢想與優秀的詩歌。

（2014 年 11 月寄自南京）

簡介：張曉陽，筆名：江南秋、古城愚翁、長弓等。自由撰稿人。現居南京。江蘇省暨南京市作家協會會員。中國詩歌學會及中國網路詩歌學會會員。南京市兩花臺區作家協會會長。詩、文散見於海內外報刊。著有詩文集《走進眾妙之門》、《青史有淚亦有夢》，詩集《西風秋雨瘦竹》，長詩《江南秋吟》、《易經的天空》、《滄桑百年淚和夢》、《二十四橋明月夜》等。

東歐風情　教堂之美

文學，是我的最愛

凌鼎年

　　凌鼎年，係「年」字輩，家中排行老三，故起名「鼎年」，小名「鼎鼎」。肖兔，命相大師曰：六月之兔命好，有花草茂盛，無凍餓之虞，也許吧，姑且信之。五十年代初呱呱墜地於江南水鄉太倉。聽我母親說：我一出娘胎，就啼哭不止，且哭聲洪亮，哭得接生護士手忙腳亂，因第二天是其結秦晉之好日子，急於下班回上海嘉定結婚之護士對我說：「我的小祖宗，不要哭了，等你長大後，請你吃飯！」看，一落地就賺了一頓飯，可惜至今也沒有兌現。也不知這位耄耋白衣天使依然健身健飯否？甚為掛念。

　　祖籍浙江湖州，明代文學家凌濛初之後裔，祖父凌公銳畢業於日本早稻田大學，出版過《法制理財》《萬國史綱要》等著作，做過《申報》主筆，係民國政府「文膽」陳佈雷之老師。可算書香門第，然已式微。

　　上世紀八十年代末去四川參加筆會，有一算命先生在眾多作家中獨獨拽住我，言之鑿鑿云：你非正宗漢人！此事唯有我父母知道，並無外人知曉呀！據父親透露：我曾祖父乃清皇宮御醫，因治癒了醇親王的病，慈禧賜了一個格格給他，故我

有若許清皇室的血統，可算小半個少數民族，只是家譜已毀，也不知是葉赫那拉氏，還是愛新覺羅氏？但當年這是不能說，不敢說的，要惹禍上身的。不知算命先生憑何認定？至今疑惑。

兒時被父母視為「淘氣包」、「闖禍坯」，乃弄堂裡孩兒王。自小偏科語文，尤喜作文，三年級時，作文全校第一，五年級時，作文全縣第二。六七屆初中、七〇屆高中，屬「老三屆」。七十年代初，背負「海外關係」十字架，被命運拋至微山湖畔的煤礦摔打青春，當過工人、做過教師，編過報刊、寫過史志。前後在煤礦二十年。在煤礦時，多年來從基層借調在礦文體辦公室負責文學創作，主編《採光》雜誌與《春暉報》。

一九九〇年初通過人才交流中心調回家鄉太倉，供職於僑辦，耳順之年，任主任，副的，七品芝麻官也算不上。常告誡自己：別人做官不嫉妒，別人發財不眼紅。為人處事，能幫則幫，不求回報，害人之心半點無，活得輕鬆、自在，半夜敲門心不驚。煙酒不沾，麻將不碰。衣著從無名牌要求，半個美食家，晚年卻基本吃素。從小受窮，養成節儉之習慣，唯買書大方得猶如大款。搬過三次家，最關心、考究的是書櫥，藏書萬餘冊，在藏書界屬小戶，然有特色，敢大言不慚地說：微型小說藏書乃全世界第一，係「蘇州十佳藏書家」。平生三大愛好：喜讀書、好旅遊、愛爬格子。上海妻子評曰：鄉下人，書呆子一個。

上世紀七十年代開始爬格子，八〇年底以詩歌叩開文壇之門。涉獵中篇小說、短篇小說、散文、隨筆、雜文、評論等多種文體，文壇十八般兵器都試了試，八十年代中後期，主打微型小說創作，且唯此為大。一九九四年加入中國作家

協會，資深會員也。

作家，業餘的，還有「小小說」三字前綴，儘管有人謬獎為「小小說大作家」。處女作發表在一九八〇年底，迄今在海內外數百種報刊發表過作品、出版文學集子四十本，一半是微型小說集子，主編文學集子兩百餘本。累加疊之，等身已大大超過，惜無長篇巨著，充其量小打小鬧。唯一可安慰者，曾為海內外兩百多位文朋詩友寫序。

文，雖短雖小，尚有人賞識，有幸有些作品被譯成多種文字，發表於美、英、法、德、澳洲、日本等二十餘個國家與地區，少數作品收入多國大學、中學教材。

作品獲獎頗多，計有世界華文微型小說大賽最高獎、冰心兒童圖書獎、紫金山文學獎、首屆吳承恩文學獎、首屆葉聖陶文學獎、首屆孟郊獎、首屆吳伯簫散文獎、梁斌小說獎、小小說金麻雀獎等。還被二〇一〇年上海世博會聯合國舘 UNITAR 周論壇組委會特別授予「世界華文微型小說創新發展領軍人物金獎」，聯合國助理秘書長、聯合國訓練研究所主任卡洛斯・洛佩斯在榮譽證書上簽字；被全美中國作家聯誼會授予「世界華文微型小說大師」獎；在以色列獲第三十二屆世界詩人大會主席獎。

學會會長、秘書長、名譽會長、顧問、理事，刊物主編、副主編、名譽主編、顧問，學校校外輔導員，本地的外地的，國內的海外的，虛的實的，社會兼職大大小小百餘個。在當官的眼力一錢不值，因為當不得飯，賺不來錢，虛名而已。

有評論家認為我是目前中國微型小說界創作、發表文學作品最多，出版微型小說集子最多，應邀參加海內外文學活

動最多，在海外影響最大的微型小說作家，溢美之詞讓我汗顏。最受寵若驚的是《人民文學》主編、評論家施戰軍教授說的：「在我感覺裡，凌鼎年與微型小說的關係，相當於李白與唐詩的關係」。有這樣的評價，再多的付出也值了，即便有批評，有委屈也無怨無悔。

書齋匾額「先飛齋」係已故著名書法家馬士達先生題寫，另一塊書齋匾額係國畫大師宋文治先生生前墨寶，為「守拙廬」，至今懸掛於陋室。先飛者，因笨也，只能以勤補拙。有人代為釋義：先飛，乃處處先行一步，領先一拍。也算一解。

因「凌鼎年」三字無論拆開來、合起來釋讀都顯得古老、陳舊，有滄桑感，因此在我不惑之年剛過就收到「凌前輩」「凌爺爺」「凌老」「凌老先生」之類稱謂的信件。這也算了，最傷腦筋的是收到的信件、包裹單、稿費單，常有寫「林丁言」「林頂嚴」收，至於寫成「凌丁年」「林丁年」的就更多了，以致好幾次拿稿費頗費周折。後來成郵政局常客後，面孔就是身份證，再碰到寫錯的，我只要說「筆名」，就 OK 了。

因城府不深，心直口快，舌頭下藏不住話，看不慣要說，要提意見，要寫提案，又不會逢人只說三分話，人前人話，鬼前鬼話，故難免得罪人。官場批評語言「自命清高、自以為是」，粗俗點「老卵」！但在微型小說圈內，因做事公正，肯幫助他人，贏得了不俗的口碑。

如今，年過花甲，腦門錚亮，頂髮日稀，壽眉漸長，且一上一下，似乎要印證「字稱不守恆」定律，相書謂之「陰陽眉」，屬異相。自我鑒定：相貌平平，氣質不俗。

有兒無女，係獨生子女。犬子畢業於謝晉任院長的影視

學院，後去英國讀 MBA,現在上海傳媒集團任職。孫子聰穎可人。有子有孫，老天厚我也。

　　一生做兩件事，一、微型小說創作、研究、推廣；二，婁東文化的挖掘、研究、弘揚。例如，一九九九年發起成立世界華文微型小說研究會，二○一○年率領中國微型小說作家代表團訪美，發表《世界華文微型小說宣言》，向美國哈佛大學燕京圖書館、耶魯大學東亞圖書館捐贈數百冊微型小說書籍，幫助建立「中國微型小說作家作品文庫」。最近與文友策劃成立「央視微電影、微小說創作聯盟」。還撰寫《太倉旅遊》《太倉近當代名人》《太倉史話》《弇山雜俎》《婁水文存》等，為地方文化貢獻微薄之力。

　　不以物喜，不以己悲，人生之境界也。二○一一年退休，本可頤養天年，但寫作無退休之說，寫自己喜歡的文章，人生快事也，故生活極為充實。

　　簡介：凌鼎年，一九九四年參加中國作協，係世界華文微型小說研究會秘書長、作家網副總編、美國紐約商務出版社特聘副總編、香港《華人月刊》《澳門文藝》特聘副總編、美國「汪曾祺世界華文小小說獎」終評委、香港「世界中學生華文微型小說大賽」總顧問、終審評委、蒲松齡文學獎（微型小說）評委會副主任、首屆全國高校文學作品徵文小說終評委、世界華文微型小說雙年獎終評委、美國小小說總會小小說函授學院首任院長、江蘇省微型小說研究會會長等。

山承水繼，血脈詩聲

向　壘

　　難得靜心回首千山外，豁然頓悟詩風文思蹤。文如其人，我是家族的後裔，我的詩文，清晰地流露著家族的血脈氣質。

　　我抗拒做教師，但我的家族似乎永遠擺脫不了這種命運。我跟文學藝術，似乎也總是有著解不開的情緣，一種時聚時散的生命交往，彷彿無法從我的人生中排除。回溯往事，我的人生軌跡好像怎麼也脫離不了這種相伴的同行。我的血脈裡必須流淌我先輩的倔強氣質。我被人指為「憨厚的君子」。我的散文詩〈不朽的精神〉，開篇「我是中國牛」節選後半段：

> 我欣慰，我是我的家族的一份子，在我們民族屹立的史冊中，我們曾經灑過一滴汗水，流過一滴熱血。我也是我們民族的一個細胞，在世界進程的藍圖中，我們曾經齊心協力，為一幅不斷壯麗的圖騰，描繪一絲色彩。我更是一個音符，在五洲四海，唱響我們華夏興旺的嘹亮民歌。

> 我活著，是浪漫的詩篇；我死了，是激勵的壯歌；我是東方民族的傳奇，不朽的精神就是我的名字！

　　文學的種子，源於祖輩的播撒，尤其是爺爺向迪琮的引導。我家祖籍四川，祖上在雙流縣開藥房，懸壺坐堂，醫病鄉里。晚清末年年輕的秀才爺爺考入唐山路礦學堂。民國元年，輕易考取段祺瑞政府的內務部的土木司水利科科長一席，他是國父同盟會早期的會員。一九一一年六月，辛亥革命武昌起義前的四川保路運動，爺爺的兄長和我的外公都發揮了重大的作用。爺爺一生不離中醫、文史、書法和字畫、金石墨硯等收藏，詩詞造詣較高。抗日戰爭時期，棄官回到成都，任四川大學土木工程系教授系主任，兼中文系教授，教授古典詞學。其間為抗戰，身為行政院參議的爺爺和張大千等人籌辦了一次慈善書畫展。抗戰勝利後，爺爺返回天津繼續任職海河工程局局長及肩負北方水利管理要職。平津戰役後，再返成都教書。新中國成立後，因不願參與政治，拒絕出任新中國的四川省水利廳副廳長一職，令當局者不滿，教職不保，街道民警時常登門造訪……爺爺毅然離蜀，輾轉在香港短期逗留。戰後的香港，社會經濟遠不及上海，語言障礙或許也是原因，似乎沒有如意的工作，曾變賣過古籍字畫（五十餘年後，我有緣在香港藝術館，見到他老人家的墨跡，百感交集……）。此後北上上海，幸獲首任市長陳毅元帥的任聘，擔任上海文史館研究員，又兼任上海中醫文獻研究館研究員。

　　記憶中第一次見爺爺，大約是我六歲時，正值冬季，爺爺北上長春吉林大學講授詞學，歸途路經天津，逗留兩晚，此次也是我父親因歷史反革命罪（軍統特務）出獄後，第一次由內蒙古返津，三代同堂，一大家人團聚，小二樓裡洋溢著從未有過的喜氣洋洋。最難得的是我的兩位婆婆能夠聚首

同一屋簷，祖孫三代合影了一張大合照。儘管大伯尚未出獄，也實在是多年抗戰、國共內戰後的難得一個平安康寧的珍貴見證。我七八歲那兩年，是在上海度過的，平日在外婆家附近上學，週六下午去爺爺家，週日晚再回外婆處。那是飽受爺爺文學藝術薰陶的兩年；那古典詩詞賦的吟誦，那聊齋鬼魅的傳奇，那岳飛滿江紅的氣韻……在我年幼的心湖蕩起波瀾。文化大革命動盪的歲月，派性武鬥日益劇烈，為保向家根脈，父母毅然命十六歲的我，帶著四歲的弟弟，連夜乘火車投靠上海的爺爺和外婆。我在爺爺家住，弟弟在外婆家住。那是我和爺爺最親密的日子，我學中醫針灸為主，兼學習書法。爺爺不寫稿的時候，就是我們兒孫交流的時間，記得最深的是爺爺的一句話，「毛先生的詞很有氣魄。」我驚訝這種對毛澤東主席的稱呼，算是當時極為不敬的反動言論，但我理解，那畢竟是我爺爺，一個專家，一個國民黨人士，一個年長於毛澤東的人。儘管那是否定文化的歲月，爺爺告誡我一定要讀大學！離別前夕，爺爺語重心長地叮囑一些後事，交付我使命，令我心酸……這些是驅使，是激勵，還是命運的捉弄，我與文學藝術，總要時隱時聚地前行……

　　幼年，因外婆、乾爹、我家保姆等一群票友的眷顧，常常帶我去看戲，京劇最多，包公戲、水滸戲、楊家將、三國戲、西遊戲、竇娥冤……平劇、越劇、黃梅戲、河北梆子、河南墜子……耳濡目染，藝術薰陶，人文傳統，植根我身心。

　　啊，萬水千山，歲月風光；
　　忘不掉故鄉的山川，

揮不去歡聚的情景，

剪不斷纏綿的鄉音……

—— 〈鄉　戀〉

　　我自幼背誦古典詩詞，小學好聽評書，閱讀中、長篇小說，電影是我最熱衷的娛樂。我對朗誦情有獨鍾。朗誦，最早也是印象最深的一首詩，應是葉挺將軍的〈囚歌〉。那時大約十歲，我懂得辨別獄卒誘惑的聲音應是奸詐的，而英雄應是剛毅正氣的。它也是我登台朗誦的第一首詩歌。小學時喜愛唱歌，自由高歌。中學文革時，幾乎全職投身文藝宣傳小隊，四處表演歌舞說唱。草原，是我無拘無束的天地，山坡上、馬背上飄送著我許多豪放的歌聲，悠揚的心曲。大學，我的朗誦多次迴蕩在大禮堂、小禮堂、教室、宿舍和操場。

遊子的祝福晝夜高掛在天上，

遊子的思念朝暮種植在地上。

—— 〈祝福掛在天上〉

　　我創作的第一首詩歌，應是那回顧草原生活的，未曾發表的〈彎彎的吉林河〉，可它卻經久地流淌在我的心湖。我第一首的朗誦詩，是一首謳歌友情的詩，送給一位我朗誦的知音詩人。在我主辦的推廣香港本土文化的第一屆香港作家詩文朗誦比賽時，我噴湧的靈感化成激情洋溢的朗誦詩，有心推介給香港人，也推介給當代更多的人。幾經風風雨雨，如今中外作家詩文朗誦比賽已經邁進第十一屆（四月）；全港暑假朗誦大賽，也已舉辦五屆（八月）；鵬程盃朗誦大賽也順利

舉辦兩屆（十二月）。今年五月又將首次舉辦了以光碟形式參賽的全球普通話（國語）朗誦大賽。我在香港又連續三年主辦了中外名篇朗誦演唱表演會，提倡原創、原誦、原唱詩歌，弘揚傳統的朗誦風格，極力發揚民族語言文字的風采，促進各國的交流與傳播。今年五月二十六日在香港文化中心劇場，我們會讓華夏民族富有語言魅力的詩文再次與觀眾的心貼近。

　　我欣賞本色的詩文，我推崇「清水出芙蓉，天然去雕飾」的樸實自然文風。我推崇詩人自己創作自己朗誦，倡議詩歌走出書齋，走出學府，走出殿堂。我渴望詩文，走進民間，走進人民，走進生活，走入人的心。我讚成詩人說出百姓的心聲，能夠讓老百姓口耳相傳，成為他們的精神食糧。我主張合乎時代口語的文氣，富有生活節奏和韻律的詩文，情感思想真誠健康的文字。我反對無病呻吟，不讚成一味追求華美高深，故意標新立異的自我標榜，我不欣賞小我的圈子，不讚賞相互逢迎吹捧的習氣。

> 走得出仇怨
> 走不出親人的眷顧
> 走得出黃土地
> 走不出心中的祖國
>
> ──〈走不出〉

　　我愛我的民族，我愛我的祖國，我願意用生命謳歌和捍衛我們民族的優秀傳統，我在積極研究和向世界推廣著中華口語的精華魅力！我看重詩歌烙在別人心上的意義和震撼力，更願意為之而堅持和守護。請聆聽我的隻言片語的心聲吧！

有人把名字烙在別人心上。

流過歲月，
穿過國界，
跨越時空，
留下永恆……
　　　　　　　——〈留芳〉

　　我是憨厚的中國牛。山承水繼，血脈詩聲，是我的文風，
昨天、今天、明天，都在湧流著我祖先的不屈不撓的氣概。
　　　　　　　　　　　　　　　　　2015.3.31.香港

簡介：

　　向璺，著名朗誦家、作家、評論家，出版社及報紙主編，
香港作家聯會會員。全球多種文學徵文大賽組織者、終評委。
中國和香港語言藝術大賽評委。在香港主辦朗誦比賽十幾
屆，任賽事主席和評委主任。香港中華文化總會副理事長，
中國和平統一促進總會香港分會理事；兼四川大學廣播電視
電影系客座教授、山東濟寧學院客座教授。曾任香港浸會大
學、香港專業教育學院普通話講師多年……曾任播音員、演
員、高中語文教師等。著有詩文集《鵬騰》（曾獲希臘文學獎）、
《赤子情懷》和《朗誦秘笈》等專著。多次獲新華社等海內
外媒體報導和專訪。

艱辛近半個世紀的詩路歷程

張繼征

　　從朦朧的兒時起，我便喜歡塗鴉，也愛一知半解地背幾
首唐詩，寫得一手好字的父親也教我臨摹他謄寫的朱伯盧的
《治家格言》和誦讀線裝本的《千家詩》，雖然一知半解，但
在我心靈種下了詩歌的種子。那時沒想寫詩，貪玩的個性癡
迷著臨摹《水滸傳》和《三國演義》的連環畫，畫綠林好漢
或騎馬打仗是我的最大興趣。

　　到了求學的年紀，讀過一些柯藍、冰心的兒童詩，也被
賀敬之的《回延安》、郭小川的《向困難進軍》等激情澎湃的
詩歌感動過，此後也讀過幾篇馬雅可夫的階梯詩、普希金的
抒情詩，也效法著用詩歌來寫作文，雖然熱情有加、「紅心」
可嘉，未免太稚嫩了。有趣的是我寫得有點滿足感的竟是瘋
狂年代的大躍進民歌，「順口溜」式的兒歌民歌我一學就會，
有時一天能寫幾首，自然得到過語文老師的表揚，抄在學校
的黑版報上，印在油印的校刊上。對心智尚未成熟的青少年
而言，在那樣的大環境下誰能分辯是非曲直？不過是一些有
韻腳的人云亦云的政治口號，就沒有保留。

　　在「文化革命」期間我又有一次「寫詩」的高潮，是領導調我去專門為杭州市拱墅區宣傳隊寫朗誦詩、快版詞、演唱詞，還拿過浙江省和杭州市有關部門頒發的獎狀，省市的電台電視台都有錄播，浙江越劇團也用我的鑼鼓詞配上越曲表演，那時正在批判名利思想，更沒有著作權的概念，不能署自己的姓名，何況我這樣非「紅五類」出身的人，榮譽歸單位集體所有。但事實是我寫的，我能不感到的歡心鼓舞嗎？於是我開始向寫歌詞傾斜。但總離不開為國事服務、為政治宣傳的藩籬，難有詩歌真善美的感染力。值得慶幸的是讓我練了筆，錘鍊了遣文用字的功力，提昇了對事物的觀察能力。

　　青春少年時代相對單純敏感，難免有發自內心的觸景生情的時刻，就是在那個一切為政治服務的年代，我也寫過幾首歌頌大自然的詩歌，也許和我喜歡畫風景寫生有關。杭州等長三角的城市冬天不會特別寒冷，每年難得有一二場大雪，終會令人特別興奮，我也難掩心中的激情寫下了「*白雪，茫茫的白雪喲，你毫不吝惜的恩賜給大地，遼闊偉大的祖國，更顯得純潔和壯麗。/白雪，茫茫的白雪喲，我真不忍心踩下去，大清早就破壞你如玉的完璧，誰讓你沒給人們留下行走的土地……*」遺憾這樣四五十年後還值得一讀的小詩在我的舊詩稿中鮮見，多少都會有點政治的痕跡。

　　我詩歌創作的春天，似乎比我的生命軌跡晚了一個季節。那是在九十年代初已步入中年的我來到香港之後。香港的社會環境相對較寬鬆自由，文學藝術團體也較活躍，在奮鬥了幾年生活問題基本解決之後，我便用業餘時間去畫我所想畫的，寫我所想寫，也是先畫而後詩。通過參觀畫展，參

加了香港成立最早的美術會，每個星期天的郊外寫生，香港雖說是彈丸之地，背著畫箱和畫友轉了幾年，還未能把香港的鄉郊跑遍。香港繁華的高樓大廈四周，處處青山綠水、碧海藍天，重又讓我觸景生情，寫起詩歌來了。初時也苦於寫了沒有出路，就試著給報刊投稿吧，也碰過「釘子」，會嫌你沒有名氣，或看不上小打小鬧的作品，編輯也有他們的難處，香港的報刊都是獨立經營的，要吸引讀者，維持一定的銷量。幸運也可能我始終執著走傳統詩歌道路而降臨，我寫新詩在注重內涵的同時，也講究音韻和節奏。試看小詩《搬家》「剛剛安家，／又要搬家；／誰不是這樣，／一生要搬幾次家。／／安置上樓要搬家，／銀行收樓要搬家，／築個愛巢也會搬家，／升職加薪更想搬家。／／有人從內地搬到香港，／有人從香港搬到美加；／財運亨通的越搬越旺，／命犯太歲的越搬越怕。／／發達的搬得輕鬆瀟灑，／一隻皮箱轆幾下；／把手一招，／勞斯萊斯送到新樓下。／／潦倒的搬得心亂如麻，／大件小包抬上抬下，／一車兩車裝滿家當，／累得腰酸背痛頭昏眼花。／／莫笑東家大屋搬細屋，／莫羨西家木屋搬豪宅；／不同的命搬不同的家，／人人都經歷過甜酸苦辣。／／就是今天剛搬好家，／可能明天又想搬家，／誰不想越搬越大，／天時地利還要自我奮發。」概括了香港居住難的殘酷現實，也有自己深刻的生活體驗，既有普遍性也有典型性，結尾作了啟示性的昇華，詩歌有了激勵人生的正能量。香港的《星島日報》文學副刊主編看中了，登在「星期日星辰」版，後又連續選登了《從現在開始》、《下雨》等，直到因市場因素，文學副刊即將改版，又借我的《惜別星辰》作了告別。接著在香港《商報》副刊

上發表了《海上霓虹》、《走向輝煌》到《奧運金牌》等多篇，也延續到副刊改版。近年又在曾經輝煌香港的《成報》周日副刊上，接連選用了《江南雨》、《老同學》、《秋的詠嘆》等，還和負責副刊的陳澤超副總編交上了朋友，也延續到改版。香港大報的文學副刊先後收場改版，也是文學和詩人的不幸。

　　我在詩歌之路上能走到今天，還要感謝香港文學促進協會張詩劍會長的提攜和支持，在他主編的《文學報》上沒少登過我的詩歌，屢次推薦我參加「國際華文詩人筆會」，以文會友，集眾所長。還有香港作家聯會和《香港作家》主編的看重，這是當今香港少有的給稿費的大型民間純文學刊物，僅會員就有二百多人，都湧向二月一期的「獨木橋」，我的詩歌每年都能擠到一二塊「豆腐乾」。還有台灣同胞辦的《秋水詩刊》和《葡萄園詩刊》等。至於國內抬舉我的詩詞刊物甚多，難以在此短文中 —— 例舉，不能不提地就是《詩刊》社為我編輯出版了我的第一本詩集《都市人的歌》。

　　世紀之交網絡的蓬勃發展和視頻的多樣化，給舉步維艱文學的雪上加霜了，詩歌的道路更是崎嶇難行。但社會的文明進步離不開文學，心靈情感的抒發少不了詩歌，於是也有了我們這樣一批甘願「清貧」的文學守望者。還有被外人視為「傻瓜」、「瘋子」的詩人作家出力貼錢辦刊辦報，堅守一片文學綠洲。僅我熟識的著名詩人作家中就有，香港的犁青、蔡麗雙、張詩劍，台灣的涂靜怡、台客、莊雲惠、林靜助等等，我也是其中一員，為《香港文藝報》等報刊只有付出，不求回報。

　　我的詩歌道路和我的人生道路一樣艱辛，出身於國民黨

軍需官家庭的我，屬「黑五類」的子女，必然受盡打壓，為了國家的安穩個人受點委屈算不了什麼。經三十幾年的改革開放，民族復興的強國夢正在變為現實，祖國已讓世界仰視，個人恩怨一筆帶過了。

遺憾的是太平盛世之際，詩歌非但難有唐詩宋詞的輝煌，詩歌成了詩人也不一定欣賞的小眾文學了。自以為高人一等的詩人們，脫離了人民大眾，拋棄了詩歌傳統，盲目學習西方，衹追求自我情緒的渲泄，寫得陰暗晦澀，無病呻吟，不知所云，難辭其咎。所慶幸主流詩人，還是力求詩歌要在繼承傳統的基礎上創新。詩歌是語言藝術皇冠上的明珠，要用生活的激情、心靈的感悟、優美的語言、鏗鏘的音韻，為人民和社稷鼓與呼，給人以智的啟迪和美的享受。這也是我所追求的。

寶劍鋒自磨礪出，梅花香自苦寒來。回眸艱苦的詩歌歷程，慶幸我的人生沒有完全虛度，雖然斷斷續續，也寫下了千餘首詩詞，出版了五本詩詞集，也有幾首(組)自己還看得過去的。其中組詩《大自然禮讚》、《幾何形哲理》、《民俗採風》，朗誦詩《綠色交響》等都被選入《中國當代詩典》等數拾種選本，或獲得過全國獎項。本人的業績也被編入中國文聯出版社出版的《中國詩人大辭典》和《百年中國千家詞》等典籍。

長江後浪推前浪，大地才有永遠健康跳動的脈搏。試以自己尚滿意的組詩《大自然禮讚》之三〈江河〉結束本文。「生命有個不老的傳說，／來自奔騰不息的江河；／自從種子在岸邊發芽，／江邊就擴展著長青的王國。／／從刀耕火種的歲月開

始，/祖先就沿江日出而作；/一葉木舟劃過歷史的長河，/鄉村城市一一在槳聲中開拓。//當衛星不停地傳送電波，/地球已網路成一個自然村落。/譽為生命之源的河更要呵護，/大地才有永遠健康跳動的脈搏。」

2015 年 3 月 31 日

簡介：張繼征，香港詩人畫家，畢業於杭州師大美術系，九二年居港。國際華文作家協會副會長、香港文化藝術聯會秘書長、香港音樂文學學會會長、香港作家聯會理事、香港書畫家交流協會理事長。香港《文藝報》主編、《華人音樂家》副總編。

已發表、展播詩詞書畫作品二千多首(幅)，入選國內外多種選本和光碟，獲獎多項。出版詩文集《兩江情》等七部，主編文選多本。書畫曾在海內外展出百餘次，二〇一一年在香港舉辦個人畫展。

東歐風情　湖區之美

遠去的背影

龍　郁

　　上世紀七十年代，正值中國大陸集體歇斯底里，經歷「文化大革命」劫難的時候。二十郎當歲的我也正直少不更事的青春躁動期。短暫的狂熱後我厭倦了史無前例的鬧劇。在一個偶然的機會，讀到了唐詩、宋詞，結識了荷馬、普希金、拜倫等，他們輕易便引我誤入詩途，且越陷越深而不能自拔。那年頭，幾乎所有中外名著都成了禁品，我煞費苦心地找書讀，即或是《東周列國志》、《資治通鑒》等磚頭書我都啃得齜牙咧嘴的，而《希臘神話與英雄傳說》、《依利亞特》、《奧德賽》和《浮士德》、《唐璜》等詩類書籍更對我的胃口，一部《普希金詩選》被我翻成了刷刷！

　　當然，愛上詩還有另一個誘因，我曾在「穿越時空的音符」一文中談到過，那是一段介於友誼與愛情的曖昧情結。簡言之，少年時，我因愛上一位姑娘而負過另一個女子，她悒怨地下了農村。一別八年，艱辛備嚐的八年啊！當我們邂逅在一座小山村時，已物是人非。她為我朗誦《歐根·奧尼金》中達吉亞娜和連斯基的詩體書信，令我感到了詩的魅力。分

手幾天後，我突然又收到她的來信，信中什麼也沒說，只有一首叫〈無題〉的詩：

「我怎能叫回過去歡樂的時光/說過去是這樣，現在還是這樣/或者是，讓我趕上今後要來的日子去/把將來的幸福，權作眼下的歡娛/悲傷的回憶就是我的災難/命運啊！但願你能回心轉意/任那幸福重新回返/任那歡娛重新出現……//不，這現實暴虐的愛情/整天使我心跳不定/愛的苦痛越厲害/越不敢流露我的隱情/唉，來吧，死神/用你那輕悄的步子/把我從這不幸的愛情的深淵中帶走/我盼望著你來，但可別露出你那雙可怕的眼睛/免得我對這飄忽的人生/再湧上哪怕一點兒戀情。」

捧讀這首詩，我的心在顫抖，又一次感到了詩歌的力量。如果可以這麼說，她也算我詩的啟蒙老師。我寫詩，我只單純的歌唱山河故土，歌唱友誼愛情，歌唱真、善、美。我看重《國風》的好色而不淫，我贊同《小雅》的怨誹而不亂。雖然我無意於反誰，但管不住自己的筆卻難免不觸及到現實的癢處和痛處，所以，那時的我無意間便成了一個非黨派的地下寫作者，偷偷摸摸地自己寫給自己看，自己罵給自己聽！

我這個地下寫作者堅持著人格的尊嚴，自然就不會去阿諛奉承那個時代，更不可能與當年的文壇同流合污。做為精神的慰藉，我為詩抓心燒肺地憔悴，完全忘記了生存環境的險惡和物質生活的艱苦。做為一個普通工人，為獲得讀書和創作的時間，我主動去幹高溫工、搬運工、守廠門這些別人不願幹的髒活、累活。居住在簡陋的「油氈棚」中，我忍受

著酷暑嚴寒的煎熬。每當別人都進入夢鄉的時候，我便端坐桌前，任生命的漏斗滴穿一個個時辰。最喜妻兒回娘家，我便有了整塊的時間可以任意揮霍，一杯涼開水，兩個冷饅頭就樂得食而不知其味。更有甚者，大熱天搞創作赤膊上陣，蚊蟲們便群起而攻之。點盤香太熏人，我乾脆將小飯桌和電燈搬到蚊帳中，在床上架起了戲台。這時，要是誰推門而入，准會以為我犯了神經。就這樣，幾年下來我竟寫了滿滿的幾大本。

現在看來，當年寫的那些習作多是幼稚的，但也肯定是正直的，絲毫沒有「文革」的土腥味和奴才味。當然，較之眼下的詩壇，也很不「現代」。不過，這是我生命的重要組成部分，是我整個創作鏈條不可或缺的一環。

值得額手稱慶的是這時文化革命終於短命了。我試著向外投稿，沒想到一投即中，而一發不可收拾！

我說的一投即中，實則先是石沉大海。好在我這人從不怨天尤人，也不懂關係學，不行就再練練。於是，我沉下心來，去參加文化館的活動，去研究復甦的詩壇的變化，並與之融匯，形成了自己的招式。這裡有一個故事：一年後，我又抱著試試的心理，決定親自將一首習作〈青春書簡〉送到《四川日報》社副刊部去。邁進那幢二層小木樓就如走進聖殿，本來雄糾糾的我一下子血流加快。輕輕推開副刊部的門，探頭顫聲道：「請問哪位是詩歌編輯？」坐在門邊的先生用筆指了指左前方，我看見一位頭髮斑白、微胖的慈祥老太太，她就是王爾碑老師。王老師見一位「工農兵」作者來訪，客氣地說：「你把稿件留下，待我認真看後再同你聯繫。」可能

是覺得老太太好說話吧，我鼓起不很足的勇氣說：「就一首詩，老師能不能當面指點指點？」老太太果真好商量，她無可奈何地攤開我的稿紙，又立刻抬起頭來說：「哦，你就是龍郁呀！」王老師的驚奇嚇了我一跳，心想自己本是無名之輩，你怎麼可能知道我？王老師見我很驚詫，立刻請我坐下，親切地解釋道：「你去年是不是給我們投過一次稿？」我搖搖頭。王老師肯定自己沒有記錯，立刻從厚厚的卷宗中翻出一首已列印成小樣的詩稿說：「這不就是你的詩嗎？當時我們本已決定採用，只因版面太擠，臨時撤下來，打算留待今年一月備用。」

　　看見自己的習作已成半成品，上面還標有「龍郁」兩個鉛字，我真受寵若驚了。我請王老師將小樣送給我做個紀念（至今，我仍保存著，心存感恩）。現在看來，受歷史侷限，我們的思想太欠深度，往往一時衝動便大唱廉價的頌歌。到如今，那首詩已沒有多大價值。我看重的是爾碑老師的知遇之恩，和認真負責的編輯精神。

　　不日，我洋洋灑灑五十餘行的〈青春書簡〉見報了，又不日，我那首擱了一年的詩也問世了。（這時，大家該明白我說的一投即中的原因了吧）一年內，川報發了五次稿。而我也沒有讓老師失望──本省的《四川文學》、《青年作家》、《星星》詩刊發我的作品了，接著又上了省外的十多家知名刊物。並為中國詩界的首刊《詩刊》選中參加了被譽為詩壇黃甫軍校的第三屆「青春詩會」。

　　一九八五年，因創作成就，我有幸獲得四川省文學獎、「金芙蓉」文學獎，以及四川省首屆職工「自學成才」表彰。由

工廠破例調到市文化宮任《工人文學》詩歌編輯。

　　還值得一提的是，自從在公開刊物上發表作品後，我的詩很少悲傷痕跡。因此，有人覺得我是從順境中過來的，日子過得很優越、很愜意？

　　是這樣的嗎？

　　遠在我上小學的時候，父親就被劃成右派，發配到異地。母親也因受株連失掉公職。為生活所逼，媽媽去幫人洗衣服，帶著我和妹妹去摘艾蒿換錢，有時也做點小生意。記得在夜幕的掩蓋下，我提著煮雞蛋到南門大橋去賣，老遠看見同學走來，恨不得有個地縫鑽下去；可一埋頭卻看見了胸前的紅領巾……此情此境，不是那些擦破一點皮就呼天搶地的人所能想像的。更別說受凍受餓，以及社會的歧視和非難了，只不過我不哼哼罷了。

　　埋頭在苦心的耕耘中，所幸的是我還遇見了《四川文學》的茜子老師和《詩刊》社的王燕生老師。更有《工人文學》的主編張行可先生。這位不得志的共產黨幹部有著一顆仁厚、善良、正直的愛才之心，是他把我從工廠水淋淋地撈起。

　　坐在編輯位子上，我終於可以了卻當年的心願了。是的，在文人相輕的暗箭中傷後，在請教別人屢遭冷遇時，我曾在心中暗自立下誓言：有一天，當我有能力時一定要以寬厚的胸懷去包容別人，去善待年輕作者。記得羅曼·羅蘭曾說過：「我把那些熱愛藝術，為藝術受苦的人，都看成是自己的兄弟姊妹。」我以師長們為表率，是這樣想的，也是這樣做的。回首往事，磨難算得了什麼，世上畢竟好人更多。詩神沒有虧待我，我也不能對不起繆斯。

　　從編輯的位子上退下來，卸掉沉重的空口袋後，我也才有時間靜下來思考許多問題，隨著大量的閱讀和進入電腦網路，我又重新煥發了創作激情。冥思中，我明白了自己該做什麼，該怎麼做了。

　　我早已遠離工業詩，也告別了寫愛情詩的年齡，甚至沒興趣再去吟唱前人的殘山剩水。在我心中有一個死結，那就是：既然見證了歷史，就該為歷史見證。除此之外，起碼我也得關注民生，關注生態，針砭時弊啊。那些輕飄飄的東西我是再也不會去染指了。直到這時，我才真正懂得了「**功夫在詩外**」的道理，因為形式和技巧固然非常重要，但說穿了也只是皮毛，還不是靈魂。詩藝的突破首先是認識的突破。詩歌寫到最後，比拚的是人品和詩品！沒有高境界又哪裡寫得出高境界的作品來？

　　當然，人只有拋開繁瑣的事務和無謂的紛爭，保持良好的心態和心情，才能真正沉潛到寂寞的創作中，才能與詩融為一體。就像虔誠的信徒見廟就拜一樣，早年，我曾有發遍全國所有文學刊物的宏願（事實上已上了大半）。後因陷入詩歌工作委員會的雜務而輟筆十年。沒料到退下來反而進入了人生的創作巔峰，自我感覺上了個台階。創作慾、發表慾去而複返，可重返詩壇，已物是人非。我知道這是對我的又一次檢驗，單槍匹馬闖天下，可以說，近幾年來，我的創作量居高不下，發表得也不少，除本省的刊物提攜外，還在國內各省等幾十多家刊物發了作品，並登陸了香港、台灣及美國等多家重量級雜誌。

　　創作有高潮，也有低潮。這種寫作是建立在厚積的基礎

上薄發的，而並非想當然。人生閱歷、社會經驗、知識積累、文化修養只有到了某個年齡段才日趨成熟，抵達真正意義上的收穫季節。長久的疏離後，我是在用創作來犒勞自己呀！有詩相伴，我活得充實而快樂。

而今，作為平民詩人的小龍已成老龍、龍老師，甚至有人戲稱我為年輕的老前輩。不過，我的詩還會繼續年輕下去。龍郁仍然是當年那個胸無城腑，口沒遮攔的龍郁。真個是無慾則剛啊！當年我沒有改掉的毛病現在已不想再改了，做人只求心安和無愧。今後的日子我得為自己活，為愛我的和我所愛的人活，為詩歌活。

2014 年 11 月寄自成都

簡介：龍郁，中國作家協會會員，曾參加《詩刊》社第三屆「青春詩會」。在海內外數百家雜誌報刊上發表詩作。作品曾多次入選國家級選本，並獲《北京文學》獎、四川省文學獎、「金芙蓉」文學獎等十多次創作獎勵，及首屆「四川省職工自學成才」表彰。一九九一年受聘為四川省作家協會巴金文學院創作員。出版有詩集《黎明·藍色的抒情》《三顆紅豆樹》《走向自然》《木紋》《遠去的背影》《詩家》等多部。編纂有《中國·成都詩選》《詩家》書系十卷本等。

詩路歷程

莊偉傑

一

　　小時候，每當夜裡雨落個不停，透過朦朧的雨聲，隱約感覺到有一種神秘的氣息撲面而來，似是天地之間在交換心得，或彼此在傾訴也傾聽著對方的故事。見此情境，家父總是喜歡一邊呷著家鄉釀造的地瓜美酒，一邊搖頭晃腦地用閩南方言吟誦李商隱的《夜雨寄北》，那種起落舒緩的節奏，和著窗外的夜雨，彷彿在編織一面心靈的綢緞。

　　聽著聽著，我似乎觸摸到詩的氣韻，用充滿孩童般的好奇喃喃自語：詩真有意思，詩真美！

　　父親並未立即回應，沉思片刻之後，再呷了一杯酒，用微帶詩酒氣味的話語激勵我：古代時是以詩取仕的，能寫詩才有前途，能寫詩就能光宗耀祖，能寫詩就能功名成器。孩兒啊，你要努力！

　　家父的告誡儘管帶有農耕時代的味道，想不到像一帖特效良藥，準確地說，更像濃墨重彩一樣塗抹在我幼小的心壁

上，從此任由歲月風雨的洗禮，不但沒有斑駁脫落，反而溢彩生輝，哪怕走在延伸的路上，靈魂落滿塵埃。

孩童時代擁有的這種氛圍，雖然沒有用語言形態描繪出來，卻存續在成長的生命裡，如同風聲雨聲、山形水態，呈現在其必然存在的時空版圖上。

於是，打開蒙塵的歲月，在詩的引領下，鴻蒙之中自天邊露出一道紫色的霞光，披在我的肩上，並以啟蒙的方式出發，讓我與諸多神秘的事物相遇，對自然萬物產生了種種莫名的感應，連同固有的天真爛漫，一直儲藏在內心深處……

二

中學時，語文老師在課堂上常常興之所來，撩開嗓音吟起詩來。有一回，我們幾個調皮蛋伏在課桌上打瞌睡。他有意提高音色分貝，高聲吟誦：「春眠不覺曉，處處聞啼鳥……」。然後走到我們跟前，敲擊桌面風趣地說：雞啼了，天亮了，夢該醒了！隨之，將上一軍提問：這首詩是哪個朝代哪位詩人寫的？

我們幾個人面面相覷，無以言對，似有一根無形的魚刺卡在喉嚨，陷入到一片羞澀的沉默裡。看到我們這副尷尬狼狽相，語文老師轉過身去，用流暢的板書在黑板上寫下：熟讀唐詩三百首，不會吟詩也會吟。像把一部經典電影的語言搬上銀幕，讓我漸漸地體會到其中的奧秘。

可惜，那時語文課本上所選的現代詩歌，頌歌式的色彩濃得像政治標語口號，什麼藍天白天、紅日東升、乘風破浪

之類的話語充斥其中。

語文老師講著講著，就解釋著說：什麼是詩呢？詩是時代的號角，生活的反映，人民的心聲。

因為乏味和抽象，我聽著聽著，經不住睡神的誘惑，又迷迷糊糊地打起瞌睡來。

讓我驚訝的是，這回老師並沒有當場指責和批評我，反而在黑板上寫下四個大字：閉目養神。一半是調侃，一半是理解。此中別有一番意味。

班上突然發出陣陣笑聲，像夜雨、似鳥啼，迴旋在悠悠時空中……

三

考上大學，如願以償地坐在讓多少人嚮往的神聖殿堂裡，那是上世紀八〇年代第一個秋天。

在南方的省城，母校中文系坐落於長安山上，她堪稱是養育詩人作家的搖籃。

冥冥之中似有安排。像狄金森一樣，我開始學會給這個世界寫信；學著普希金的模樣，我悄悄地寫愛的夢囈、寫大海的詠唱、寫鄉思的隱喻，寫那些看見或看不見的希冀與失落、歡欣與憂愁交織的情緒。打這之後，便與繆斯女神結下不解之緣。

那時，年輕而稚嫩。像躺在繆斯懷裡的孩子，只會撒嬌、耍鬧、自我蹈舞，如同單相思的人，心醉神迷地徜徉在文字的迷宮中，固執地抒寫自己心中的訴求，或者未敢寄出去的

情書。

　　那時，對繆斯的熱愛，伴著流動的清風和晨光。天青色的心葉，如沾上閃光的露珠搖曳生輝，或在月光的氤氳中去尋找自我歡愛的樂園，去尋找自己曾經丟失的影子。

　　在南方的天空下，年輕的心穿過歲月的長廊，讓所有的語言都變得鮮活與靈動。在南方的長安山，一年四季草木榮盛，繁花絢爛，彷彿喚醒我們青春奔放而沸騰的浪漫和熱情。

　　感謝繆斯，她給予我們張開想像和放飛心靈的力量，也給予我們無限可能的施展空間。於是，我們創辦詩社，主編詩報。在八〇年代的校園詩歌中，留下了或深或淺的探尋的履痕。那些彎曲而優雅的詩句，一行行的、一波波的，用閩江東流的執著，哪怕足跡潦潦草草，卻是屬於我們青春詩心的全部，並化作生命的遨遊，穿行在南方起伏的大地上。

　　攜帶希望的風鈴，我像一隻笨重的駱駝，在荒漠上尋找綠洲。大路朝天，一路上少不了坎坷，唯有時刻伴著春光走在路上。或者極力以飛翔的姿態，吸吮陽光和天地之靈氣，像燕子一樣呢喃，然後為自己築巢……

四

　　走上社會，邁出輕盈而凝重的步伐，我漫遊般踽踽獨行的軌跡，依然重複地徘徊在校園的小路上。在觀望、期待和求索中，總想試圖進入和抵達詩歌的理想境地。

　　理想與現實的巨大落差，驅使自己首先要面對的，是漆黑的夜晚籠罩的蒼茫以及精神黑夜的底殼。我一度陷入到欲

望的深淵裡，或呼喊或掙扎，企圖縱容或激蕩生命中最活躍最自由的元素，以此拯救自我靈魂。

衣帶漸寬，眉光皺起。戴上面具的世界，人與人之間總是那麼難以溝通與交流。付出的真誠和心智，在飄渺的風雨中，常常顆粒無收。

我因此懷疑起詩歌的力量有限得可憐。獨坐在歲月的深處，像一位守望著金色麥穗的耕耘者，左手燃著一枝孤菸，右手走馬驅筆。那些凝聚為內心最盎然也最脆弱的意象，在春雨泥濘的路上，彷彿被輕風捲起的樹葉，蕭蕭瑟瑟。

笨鳥先飛。我依然毫不顧忌地任性而為。繆斯儼如一位千年不老的美人，坐我的面前蕩起秋千，時常朝我回眸一笑。讓我飽含激情的微風和記憶拍響雙翅，從幻想的目光中諦聽到遠方的彼岸有更加遼闊的春天。

沉默。俯視。感歎。我像迷途的孩子，不知疲倦地循著繆斯的牽引，繼續尋找月光下的夢境。懷揣一份傷痛和熱愛，我落滿塵埃的靈魂如同浴火的鳳凰重新涅槃和放飛。

撫摸著次第開屏的語詞之花，像觸摸著歲月的身軀。就這樣沉醉在詩意的酒杯裡，喚起春天般的情懷，幽靈般的文字在穿梭中自由往返，讓詩歌帶來的幸福變得具體而生動。

五

孤魂漂泊。走出國門，浪跡在南十字星空下，意味把孤魂流放在另一片土地上……

千山之外，我凌空而來；萬水之外，我踏浪而至。「**本想**

在袋鼠爬行的地帶風光／卻無法忘懷牡丹國裡的殷紅」。以一位精神異鄉客的沉重和默然，我站在時光的水邊或週邊，低吟空氣裡流動的風聲或微塵；像站在無邊的濤聲中，遙望夢裡鄉關的月色與星辰。

　　自以為踏足天堂之門，其實天堂與地獄僅有一步之遙。在羈旅途中孤獨地漫遊，酷似煉獄。體味著生命的滋味，不停地流浪的跫音，似在訴說一個千年的夢想。

　　看不到盡頭的路伸向遠方，疼痛與苦悶侵襲著肌體。我依然固執地向前走去，甚至沒有路線。在月落烏啼時分，在夢境居住的地方，一千次敲響輪迴的鐘鼓，一萬次托起漲滿夢幻的目光，夾帶著那些起起伏伏的心事，那種存在狀態中陷入無家可歸或有家難歸的困惑，從漂泊千里的生命邊緣，穿過萬丈紅塵的寂寞，穿越翻響星光的魂魄，帶上流浪者相似的孤獨鋪展尋夢之旅，搖晃在通往家園的路上。於是，我逐漸體驗到一種來自生命底部的悲憫和深沉，並借助詩歌散發的光芒，從痛苦和孤寂中獲得無盡的歡愉和情趣。

　　故土已漸行漸遠。苦思冥想著現實的隱痛與存在的意義，在非母語的國度，我用母語的輝光來燭照內心，彰顯個人話語和呈現自我獨立精神的人格尊嚴。不經意間我寫下了近兩千行的「心靈史」式的長詩《從家園來到家園去》，平平仄仄地詠歎了一支「神聖的悲歌」，在歷經滄桑的生存際遇中，真誠地懷抱詩歌展開流動狀態的「精神放逐」。

　　在我看來，作為一個真正的詩人，只有時刻關注並且熱愛人類的痛苦和幸福，用靈魂的呼吸去感知那些高尚神秘而難以企及的東西。或者說，真正偉大的詩歌，不是用筆寫就

的。一個詩人只有時刻把自己的生命、生活、心性和精神熔鑄到自己的作品裡，才有可能觸及人類靈魂真相的奧秘。

　　我這樣想著，企冀詩歌能在天地敞開的空間裡，支撐起生命的另一種呼吸。唯其如此，才有可能寫出感動自己也感動世界的詩篇。誠如大詩人蘭波說的：「只要我們按捺住焦急的心情，黎明時我們定能進入那壯麗的城池。」

六

　　海外歸來，或者自由往返於兩個國度、兩個迥然有別的（文化）空間，像喜歡品茗啜茶已成為每日必修的功課，驅使我以另一種心態沉醉於詩意的芬芳，一如癡迷於茶香的味道。擁有簡樸的生活和健康的心靈，讓我自覺地學會在平靜的生活中去領略什麼是叫詩意地安居，在品味茶色般的人生中領悟到什麼是詩之道，茶之道。

　　邊品茶邊讀詩，或邊寫詩邊讀茶，這種交換方式別有一番情趣，讓我目睹了紛呈的現實與輪迴的時間構造的版圖上，延展一片更為遼闊的詩意空間。對精神世界的關注，對內心感覺的迷戀，對詩歌品性、靈魂向度和生命境界的傾心，或者說，對一種純淨、美好、高貴的生命姿態的堅守，讓生命中難以承受之輕，總是試圖努力抵達一種靈塵化境的詩歌理想天地。然而，現狀與願景、愛恨與冷暖，總是相互交織或糾纏著。有時背靠在夜色張開的巨大背景中，以為足可平息白天的紛擾喧囂，像一尾魚自由遨遊在一片屬於自己的水域裡，卻依然無法擺脫來自漆黑的蒼茫籠罩下帶來的陰影與

無盡的孤獨。於是，面對閃爍的星辰、浩瀚的夜空以及四周撲朔迷離的事物，內心的隱忍、陣痛連同疲憊、困惑、感傷和慨歎，宛若燈光斑駁的身段脅逼著內心。穿行在自我與世界之間，一切似乎都變得更加具體和清晰；當結構的文字或律動的心聲伴著平靜的激情與自由的靈光，像泉水一樣汨汨暢流，恍惚中似乎獲得一份安詳與慰藉、一種溫暖與力量。

走在路上，作為一個繆斯的鍾情者，在望穿秋水的流程中，經過歲月的淘洗，生活的歷煉，回眸寫作上幾經蜿蜒轉折的磨礪，讓我發現，沒有詩歌的日子，生命是十分難熬的；失去詩歌的生命，日子會顯得淩亂而空洞。或者說，詩歌已成為自己生活的一種方式，好比宗教一樣成為個人的信仰。它不僅是一種生活的藝術，而是支撐起自身生命和靈魂的另一種呼吸。

此刻，獨自坐擁在新春剛剛鋪開的畫面上，遠處的曠野正傳來蛙鼓的詞句，像永恆的星宿、遊走的精靈、美妙的樂音，或扣人心弦，或溫情脈脈，或清脆動聽，彷彿從天地間徐徐傳來，又如神靈的密語傳遞，讓我聽見了來自詩歌的聲音和呼吸，依稀縈繞成一片獨遠清音，誠如辛稼軒彈響的語境：「稻花香裡說豐年，聽取蛙聲一片……」

簡介：莊偉傑，閩南人，旅澳詩人作家、評論家、書法家、文學博士，復旦大學博士後。一九八九年底赴澳洲留學並定居。現為華僑大學文學教授、研究生導師，暨南大學兼職研究員，中國新聞出版研究院海峽分院特聘研究員，並任國際華文出版社社長兼總編，中外散文詩學會副主席。舉辦

過個人書藝展引起反響，書法被海內外各界所拍賣和收藏。曾獲第十三屆「冰心獎」理論貢獻獎、中國詩人二十五周年優秀詩評家獎等多項文藝獎，作品及論文入選上百種版本，有詩作編入《海外華文文學讀本》等三種大學教材。至今出版有《神聖的悲歌》《夢裡夢外》《從家園來到家園去》《精神放逐》《歲月的饋贈》《智性的舞蹈》等詩、文、論和書法專著十餘部，主編各種著作七十多部。

東歐風情　雁鴨戲水

回首千山外人在詩途中

王　珂

　　我的第一個文學導師是我的父親，他一九五九年畢業於四川師範大學中文系。我家多代以教書為業。我爺爺王直宣追求的生活是「數行晉帖當窗寫，一卷唐詩倚枕觀」。他在生命的最後時刻，面對槍口還能夠鎮定自若地吟詩。我父親臥病在床還如癡如醉地寫詩。所以我今生只有「為詩消得人憔悴」的命運。爺爺、父親都是格律體古詩迷，我卻一直和他們對抗，以寫自由體新詩為榮。父親的古詩詞功底深厚，他喜歡書法，在我上中學一年級期間，他每天抄錄一首古詩詞要我背誦。所以古詩詞給我了巨大的影響。

　　我很早就寫新詩，但是公開發表詩作很晚。鉛字處女作〈笑〉發表於重慶江北縣文化館辦的鉛印小報《華鎣山花》第二期（一九八六年四月），此詩寫於一九八一年四月的期中考試考場上，做完考題後無事可做，便寫點詩。全詩如下：「綻開的花蕾／爭妍的蜜桃／我腦海裡／蘊藏著一幅清美的笑／／翠綠的田野／霧繞的小道／一個學生／伴著歌聲奔跑／／溪澗水潺潺／斷了小石橋／他站在水邊／一個主意在縈繞／／一塊塊石頭／

濺起陣陣波濤/溪水婉轉悅耳/笑聲向晨曦報告//靜謐的小路/灑滿金色的笑/他驚詫地抬頭/"唉呀！我將遲到。"」在省級刊物發表的第一首詩是〈觀海〉，刊於遼寧省文聯主辦的《當代詩歌》一九八八年十二期「新詩潮」欄目。寫於一九八七年十一月。全詩如下：「無數砂礫/塑造了海/無數美麗的海灘/依偎逝去的波光//海如此寬廣/海如此狹隘//漩渦是愛的種子/浪花不會逝去/生命不會死去/僵硬的思想誤入漩渦/更加圓潤透明/情感漸臻完美//珠貝散失在海邊/海孕育永恆的信念/美好的回憶深藏/白潔無瑕的貝殼中/一張一合/陽光餵育著回憶//回首　也有甜蜜/遙望　仍有知音//火山爆發/島嶼沉入海底/火山爆發/島嶼漫上水面//句號不凝固希望/不宣佈悲壯的終止/到海裡去朝拜聖母　朝拜/那裡有不屈靈魂/有波光　有愛。」我的詩，特別是早年的詩很自我，甚至是我的個人生活和情感的記錄。〈觀海〉記錄了我初戀失敗後的感受。

　　我一九八三年上的大學，一九八七年上的碩士研究生。我大一時是著名詩論家呂進教授任教的課程「現代文學作品選讀」的「科代表」，頗受他重視，他曾在課堂上表揚了我寫的一首小詩〈吻〉：「正因為有吻，嘴唇才顯得格外高貴。」這首詩讓我在同學中「一舉成名」，有的女同學給友人寫明信片都叫我配詩。我隨手配過一首好詩：「上帝挑點燈籠/講述新的天方夜譚/夢揉碎進碧波/柔柔的/我們都成為夢中的/一束/光」。一九八六年四月散文詩〈春天，我站在講台上〉在西南師範學院校報發表後，地理系一位女生讀了後很感動，一定要找關係來認識我，見到我時她居然能夠背誦。一九八

六年夏天我在大學所在的北碚街道的宣傳欄中，居然讀到了我的一首詩，那是由北碚區文化館主辦的文學窗，不知道他們是從哪裡獲得那首詩的。那是我一九八六年二月寫的〈雲霞〉，全詩如下：「山中有片雲霞／猶如我夢中的茶花／春的氣息蕩過／雲霞長出嫩芽／／樹尖有朵野花／猶如你心中的光華／夏的柔光拂過／野花悄然落下／不僅僅是雲霞／不僅僅是野花／一隻雲雀在噪鳴／這是它的詩話」。

　　大學本科四年（一九八三至八七），我的寫詩筆記本隨身帶著，完成了《追求集》《困惑集》《浪蕩集》《幻滅之春》和《希望之春》五部詩集，共六百餘首，完整地記錄了一個男孩在追求中困惑，困惑後浪蕩，浪蕩後幻滅，幻滅後新生的「成長」過程。上碩士期間（一九八七至一九九〇）完成了《幽靈啟示錄》兩百多首，主要是情詩。我幾乎每天都有寫詩的衝動，有時一天寫三首。當大學生與研究生期間，我的整個詩歌觀念處在西方浪漫主義和現代主義之間，很崇拜龐德、艾略特和波德賴爾。

　　我本來是寫愛情詩的，八〇年代產生了一點影響的詩卻是政治抒情詩〈城市天橋〉。那是我一生中寫的第一首政治抒情詩，發表於《城市文學》一九八九年第五期。這首詩的寫作時間是當年八月，重慶非常炎熱，我住在一個大峽谷中，家事、國事、天下事讓我心情複雜，一氣呵成。後來重慶老詩人楊山看到了這首詩，叫我修改後發表在他主編的詩刊《銀河系》上。這首詩的寫作改變了我的詩風，連續寫了「龍舟競渡」等多組政治抒情詩。

　　我八〇年代的寫作可以分為兩個階段：讀本科階段（一

九八三至八七）的「唯情寫作」，讀研究生階段（一九八七至九○）的「唯美寫作」。我的讀者通常只有兩個，一個是我自己，另一個是我的戀人。戀愛時期，我曾專門寫了一本詩集送給我後來的妻子代緒宇。一九九○年七月碩士畢業後在西北師大中國西部文學研究所工作期間是我的創作高峰期，到九二年七月，我完成了《人在旅途》三本詩集共四百多首。後來因為生活壓力等多種原因，詩越寫越少，二十年間才寫五十多首。讀博士階段（一九九九至二○○二）完成了《無聊集》三十多首。近年寫詩更少，每年只有十幾首。二○一五年因為生活變故，寫得較多，僅二月份就連續寫了十首。

　　我發表的詩不超過百首，發表詩的刊物主要有《詩人》《青春詩歌》《詩林》《詩潮》《當代詩歌》《山花》《山西文學》《福建文學》《城市文學》《飛天》等。

　　我近年致力於古代漢詩的現代轉化，我稱之為「賦體新詩」、「詩體新詩」、「詞體新詩」和「曲體新詩」，即詩體上適當借用古代的定型詩體，語言上採用現代漢語，最後形成「准定型詩體」。如用格律體寫詩，只追求押韻和齊言，適當追求對仗，不講究平仄。以二○一四年七月七日寫的一首〈七月七日于重慶動車站候車有感〉為例：「炎炎夏日心何求，漫漫長途情獨憂。千里迢迢雲風流，孤月皎皎花滿樓。激情如水貴似油，佳期勝夢美過酒。閒庭信步不懷舊，公子王孫自在遊。」我寫這樣的詩並不像很多新詩詩人所說寫舊詩是「老去漸於詩律細」，而是與我的新詩詩體學研究結合起來的詩體實踐及詩體實驗行為。

　　我一直專門從事新詩研究工作和教學工作。已出版了專

著六部：(《詩歌文體學導論 —— 詩的原理和詩的創造》(二〇〇一年)，六十一萬字，宏觀探討了中外詩歌文體及代表性詩體的生成原理；《百年新詩詩體建設研究》(二〇〇四年)，二十一萬字，微觀探討了新詩詩體定型難的原因；《新詩詩體生成史論》(二〇〇七年)，五十八萬字，重點探討了新詩詩體生成與流變的歷史及原因；《詩體學散論 —— 中外詩體生成流變研究》(二〇〇八年)，三十九萬字，較全面地探討了詩體的概念和影響詩體進化的各種因素；《新時期三〇年新詩得失論 —— 當代新詩詩體、技法、功能及生態綜合研究》(二〇一二年)，四十五萬字，對新時期新詩的詩體、技法、功能及生態進行了全方位綜合研究。《兩岸四地新詩文體比較研究》(二〇一四年)，四十萬字，全面考察了大陸、台灣、香港和澳門四地的新詩文體的生態，做了較深入的文體比較研究。

我近年主要從事新詩詩體研究，最終目的是建立有體系的「新詩詩體學」。尤其想在創新意識引導下，採用跨學科交叉研究方法進行新詩文體與新詩技法研究。建設包括新詩文類學、新詩語言學、新詩意象學、新詩生態學、新詩功能學、新詩文化學、新詩政治學、新詩傳播學、新詩詩美學等為主要內容的新詩詩體學。

我最近做的課題是：主要採用社會學的田野調查方法，在中外文體學，尤其是詩體學理論指導下，把新詩視為多元發生的文體，以詩體為點，以文體為線，以生態為面，以漢語為體，全面深入呈現新詩，特別是當代新詩的全球風貌，總結經驗教訓，提出構建策略，嘗試建立全球通用的新詩詩體學理論。主要做兩件大事：一是聯合海內外新詩教授編選

《新世紀新詩一百首》。二是全球新詩五百人訪談，把錄音錄影留給後世，計畫訪問詩人、詩歌理論家、詩歌編輯、詩歌教育工作者以及詩歌讀者各一百位。

　　簡介：王珂，1966生，男，重慶人，文學博士，東南大學人文學院教授、博士生導師，首都師範大學中國詩歌研究中心兼職研究員，西南大學中國詩學研究中心客座教授。主要從事漢語新詩研究和文藝理論研究。博客：
http://blog.sina.com.cn/wangkepoetry

東歐風情　高舉橄欖葉的少女

從讀詩到寫詩

康靜城

　　念高中時，因為主修文學史，新詩被指定為必考的文體之一，因此讀到了新詩，從此，也迷戀上了新詩。還記得最先讀到的作品是鄒荻帆的〈蕾〉：

　　　　一個年輕的笑
　　　　一股蘊藏的愛
　　　　一罈原封的酒
　　　　一個未完成的理想
　　　　一顆正待燃燒的心

和魯藜的詩作〈泥土〉：

　　　　老把自己當作珍珠
　　　　就時時有被埋沒的痛苦
　　　　把自己當作泥土吧
　　　　讓眾人把你踩成一條道路

　　我是一個在窮鄉僻壤裡長大的孩子，當時讀了他們的作品，受到感動，竟然像被磁鐵般牢牢吸住了。之後，陸續讀到艾青、馮至、臧克家、田間、聞一多、何其芳、聞捷等許

多作家的寫實與抗戰作品，知道他們的寫作，是負有使命感的。他們的作品，有的像匕首，有的像投槍，有些像鼓點，向舊社會的黑暗處狠狠出擊；向敵人宣誓不屈不撓的戰鬥意志，鼓起人民勇氣，挺起脊樑，在艱難的環境中生存下去，這便是「五四運動」之後，新文學給中國帶來的其中一種偉大的貢獻。

　　生活在鄉下的我，也從他們的作品中，獲得鼓舞，得到了勇氣。一九六八年，我高中畢業了，開始嘗試寫作。隔兩年，進入師資訓練學院就讀，課餘時間時常投稿，當時的南洋商報「學府春秋」版面是供中學生與大專在籍學生投稿的，編輯是謝克（新加坡作家）前輩，我與同學也悄悄地投稿，作品有散文與詩歌。一九七二年，幾位高中同窗建議共同成立「島嶼文化社」，以便能對文藝與文化作出一點貢獻，同時還出版了《島嶼季刊》，供社員和文藝愛好者投稿。還出版叢書，我第一次參加多人合集的《山崗的腳步》一書，以及《島嶼五人詩集》，就是在這時期出版的。

　　一九七二年中師範學院畢業時，還和同窗黃定惠學長完成了「古典詩詞與情略說」一篇長文，發表在應屆高級文憑班的畢業特刊裡。離開學院後，文稿轉投南洋商報「生活版」，作品包括散文、詩歌、遊記和文藝評論等，當時的編輯是已故李向先生，他本身也是新華前輩散文和雜文作家，古道心腸，熱心關懷與提拔年輕的寫作者。他主編「生活版」時期，我和文友都積極投稿，發表了不少作品，從此，我便走上了文藝的創作道路。即便在上世紀八、九〇年代，工作和家庭最繁忙與需要的時期，也不曾放棄寫作。因為喜歡文藝，除

了本國，還投稿香港《海洋文藝》，中國《小溪流》，以及後來的臺灣《葡萄園詩刊》、福建晉江的《南英詩刊》、《星光季刊》等處。二〇〇九年，新加坡文藝協會成立文學網站（sgcls.hi2net.com），受邀當其中的幾個版主，協助網站的編輯工作，同時，自己也在網上發佈作品，迄今已發表了《新中山水詩情》四十輯，編著《詩歌接龍》一百輯，詩歌，童詩和散文等七百餘篇。

　　曾經兩次參加創作比賽而得獎，一九七二年的「全國文藝創作比賽」〈橋與我〉獲得散文公開組第三名。二〇一二年「蔡麗雙杯赤子情」全球華文新詩大獎賽〈紅樹林〉獲得佳作獎。因為興趣使然，今後將繼續在文藝道路上跋涉前行。茲將〈紅樹林〉詩作抄錄如下，以作結尾。

　　　　　一

　　灘塗　　沼澤
　　淺灘　　水湄
　　株株昂然挺立
　　枝葉密密交搭
　　支架般的樹根
　　牢牢咬緊海床
　　讓狂風與怒濤
　　無法把樹體
　　任意摧殘

二

潮漲　潮落
綠蔭下
泥濘的海床
海螺日夜成長
彈塗魚歡欣跳躍
貝類愜意繁殖
茂密的樹冠
飛禽歡樂的天堂

三

堅硬的樹幹
建漁村　搭奎籠
首選的好材料

成排成陣的團隊
日夜護衛著海疆
不讓洶濤奪走
寸沙寸土
你們　何嘗不是
英勇的海岸綠戰士

　　簡介：康靜城原名洪連順，祖籍泉州晉江。曾任中學華文教職達三十餘年。一九六九年開始創作，常用筆名還有：莘莘、雪原、牧笛、之浪和宋波等。上世紀七十年代初，曾與校友創辦了島嶼文化社，現為新加坡文藝協會會員、新風詩協會理事兼新詩編輯。已出版詩集《長櫓集》、《采貝集》、《穀粒曾經是秧禾》等。

貴州風情　銀鍊墜潭瀑布

詩歌創作詩化了自己的生命

周道模

　　公元一九五七年七月，我降落在地球的東方，紮根於漢語的四川盆地。後來生命開花於詩歌散文的園地，結果於渺茫的未來和旋轉的地球……

　　一九六四年我發蒙於廣漢縣和興公社益蘭祠小學，至今還能背誦那香甜的詩意課文〈小河流過我門前〉、〈春雨〉等，可能那個時候詩的種子就埋進了憧憬吧。小學兩年後「文革」爆發，失學的我手拿竹竿，放鴨於故鄉的田野、河溝。也許我那風雨浸泡的童年，就是稚嫩的詩句吧。大概停學一年多後，我復學於金魚公社十三大隊小學，教室用的是二隊的草房，用打穀的拌桶蓋在地上當課桌。上學途中，我用刺枝串上顆顆紅甜的蛇莓，這是詩心萌芽的行為？

　　一九七〇年春，我進入金魚公社初級中學，成為該校首屆初中生。學校過去是尼姑庵，香樟古樹，高大濃蔭，廂房為教室，桌椅是夯築的面抹水泥的土台子。記得語文老師王永言的作文課，我交上去的竟然是一首「詩」。七三年春，讀完三年初中，回鄉當農民半年。七三年秋，我步行十多里去

連山鎮住校讀高中。那時，學校愛舉行詩歌競賽，我幾次在校會上朗誦自己的「詩歌」。七五年秋，高中畢業，回鄉當農民，我訂閱了文革結束復刊的《詩刊》，特別醉迷郭小川的〈團泊窪的秋天〉，至今能誦那細膩美麗的詩句。在肩酸腿痛的勞動之餘，我也曾用筆寫「詩」，描寫那「金色的麥浪」。

一九七七年底，全國恢復高考，我不幸考進了廣漢師範學校讀中師，卻有幸遇到已是作家的老師鞠鵬高。受先生的影響，我忘情地抄錄詩句和散文，特別抄錄鞠老師清麗的散文，迷戀他那滇池的神奇故事。我的作文慢慢有了詩的韻味，得到先生的高分，也開始在筆記本上寫「古詩」了。肯定地說，我的漫漫文學路，是作家鞠鵬高老師啟的蒙。

一九七九年，中師畢業被分配到廣漢縣最遠的丘陵山區松林中學教書，課餘我愛漫遊花果之鄉。山林間，花果下，青春的足跡在田埂上延伸。在聽收音機自學英語的間隙，我偶爾也寫幾首新詩，但那是盲目的。八二年秋，我回到家鄉的母校金魚中學工作，開始到廣漢縣城文化館聽各類講座，參加文學培訓和筆會，受到羅永成老師的輔導和藍幽老師、陳良藻老師的指導，開始自覺地系統閱讀和寫作練習。八三年，我開始在縣報《金雁》上刊發習作，在溫江地區文學雜誌《都江文藝》上發表處女作〈葉片〉。拿到郵寄來的《都江文藝》樣刊時的激動啊，不亞於初戀的美好！記得拿到十元錢的稿費，我馬上請來兩位愛好文學的中師同學，買隻烤雞來慶賀分享。八四年，因參與房湖公園資料收集整理，在省級《旅遊天府》上發表描繪房湖公園的遊記散文。和老師李君煒合作，在《杜甫》上發表研究房琯與杜甫的文章。

　　八五至八七年，我又考入都江教育學院英語專業學習。在灌縣，我結識了文化館的陳道謨和李永庚、馬及時等老師，有時參加他們的文學活動，在他們的《螢》詩刊上刊發習作。在學校內部，我組織都江文學社，編印《都江潮》油印刊物，編印自己的詩集《燃燒的愛》。八六年，《星星》詩刊在全國評選「十大青年詩人」，七位獲獎詩人光臨成都後，在大學舉行講座、演講，受到如今日明星般地追捧。演講造勢之後，有晚在新聲劇場舉行詩歌朗誦會，我和同學趕到成都、無票擠進會場，葉文福那〈祖國啊，我要燃燒〉痙攣般的激情朗誦，那美女崇拜詩人的狂熱，真是歷史的輝煌和人間奇跡！那段時間，我在清貧中漫遊青山綠水，在失戀時浪遊峨眉山、西安、咸陽、臨潼，用紙筆塗抹生命夢想，在絕望中期盼繆斯的熱吻……

　　八七年秋，大學畢業，我被調到廣漢三中去教高中英語，後又從事學校業務服務和行政管理工作。儘管熱愛文學，醉心於詩歌，但花在上面的時間和精力很有限，在文學創作和作品發表方面進步不大。八七年到二○○六年，只在德陽《雛鳳》、新疆《綠風》、成都《青年作家》、中國作協《中國校園文學》、北京《中國現代詩》、香港《當代詩壇》、四川《星星》詩刊、《四川文學》等文學報刊上發表過詩歌和散文。這期間作品入選集子的有《來自第二戰場的報告》《青年詩人抒情詩選》《詩壇新秀千人選拔獲獎作品集》《新星詩曆》等。九四年暑假去北京參加《詩探索》舉辦的「詩歌研討改稿會」，認識謝冕等文學大家。二○○三年由中國文聯出版社出版第一本漢語詩集《靈魂的歌唱》，同年加入四川省作家協會。這期

間我獨遊神州，幾乎走遍了中國大陸的省份，在山水間慰藉靈魂，在自然中汲取詩意，在歷史名勝中煥發人文精神。

公元二〇〇六年後，由於工作的變動，我相對自由些、輕鬆些，把時間精力投入到迷戀的文學上更多些，進步似乎要大些。〇七年，組詩獲《詩刊》《綠風》聯合徵稿獎，詩歌入選作家出版社的《獲獎作品集》，十月去新疆領獎和參加「西部的太陽 ── 中國詩人西部之旅活動」。〇八年始，連續在臺灣《葡萄園》詩刊發表作品，在澳大利亞《澳洲彩虹鸚》上發表漢語詩歌、漢英雙語詩歌，在加拿大《北美楓》上發表漢語詩歌。一〇年，在大眾文藝出版社出版漢英雙語詩集《同一個村莊》，在《中國詩歌》上發表散文詩。

從二〇一〇年起，我應邀連續四年去台灣、美國、以色列、馬來西亞參加世界詩人大會，拓寬了眼界和情思領域，豐富了文化感受，結識了各國詩友，創作了許多國際題材的詩歌，似乎上升到更高更寬的詩歌境界。

二〇一二年，受省作協的委託，我積極聯繫新加坡和馬來西亞的華人作家詩人，領隊四川省作協組織的「四川作家新馬采風團」去新加坡和馬來西亞訪問、采風、交流，拜會了新加坡華文作協和馬來西亞華文作協的作家詩人朋友，受到他們的熱情接待和款待。二〇一三年四月，經我積極聯繫臺灣的台客和林靜助先生，四川省作協組織的「四川作家臺灣采風團」又成功訪台，受到他們的熱情接待。

二〇一〇年以來，還有一些其他方面的收穫。詩集《靈

魂的歌唱》和《同一個村莊》被中國現代文學館收藏。寫地震的長詩《自然之殤》編入《德陽地震志》，由中國文史出版社出版。詩歌《中國的月亮》在北京四號地鐵線車廂和月臺展掛。開始在菲律賓《世界日報》、泰國《中華日報》和美國的《新大陸》詩刊上發表詩文。詩集《同一個村莊》榮獲「中詩作家文庫」優秀作品集，排名第一。作為「三星堆文叢」之一的漢英微型詩集《彩虹・落日》出版。詩歌〈河灘上那叢白髮的蘆葦〉獲臺灣《葡萄園》五十周年小詩獎第一名，獲獎金和獎牌。散文〈煙花瘦西湖〉被收入中國散文學會選編的《中國散文大系・旅遊卷》一書等等。

　　對自己未來的文學期許，首先得依賴於身體健康狀況，不知自己還有多少生命時光啊！假如能活到八十歲的話，自己想走遍五大洲的主要國家，在國際題材的詩歌創作和詩意遊記寫作方面作點努力，同時在思想散文方面作點探索，通過回憶錄或自傳的寫作記錄下歷史的痕跡，在英漢文學翻譯方面作點貢獻，為學生和民眾寫點傳唱的歌詞等。

　　回顧這大半生的文學學習和創作活動，總覺得付出的多，收穫的少，沾沾自喜的多，勇於解剖改進的少，所以至今無大的成就，有點愧對生命和時代。由於熱愛文學和旅行，可以說一直是兩袖清貧，心空如天。我時時在想，哪怕這輩子沒有寫出一首流傳的好詩，就這樣寫著、樂著、驚喜著、夢幻著、飛翔著，生命不是也詩意化了麼？詩化的生命難道不是一首最好的詩嗎？

　　　　　　　　　　2015 年 3 月 31 日寄自四川

　　簡介：周道模，男，教師，詩歌曾在《星星》詩刊、《四川文學》、《中國現代詩》、《中國詩歌》、《綠風》詩刊、香港《當代詩壇》、臺灣《葡萄園》、美國《新大陸》、加拿大《北美楓》、澳大利亞《澳洲彩虹鸚》、菲律賓《世界日報》、泰國《中華日報》等文學報刊上發表漢英作品和翻譯作品。組詩獲《詩刊》、《綠風》聯合徵稿獎。詩歌獲臺灣《葡萄園》征詩獎，散文獲《散文選刊》等級獎。出版漢語詩集《靈魂的歌唱》、漢英詩集《同一個村莊》和《彩虹落日》。現為世界詩人大會終身會員、中國詩歌學會會員、四川省作家協會會員。擔任世界詩人大會中國辦事處副秘書長文學職務。

貴州風情　萬峰林

回首千山

宋紹匡

回首千山
有崎嶇小道雲遮霧障
有柳暗花明色彩斑斕
一路走來
走進
詩的海洋
詩的群山

一

當我小的時候
有三字經
有百家姓
有宋詞、唐詩相伴
我彷彿跳入大海
那是中華五千年文化的大海
大海中

深藏著一座座連綿起伏的詩山

我從此愛上了詩
像邂逅眷戀的姑娘一樣
這輩子與詩結緣
相隨相伴

　　二
中華文化
博大精深
枝繁葉茂山花爛漫
看詩詞詞牌及門類
足讓天下驚歎

有的像匕首
刀鋒讓人膽顫心寒
有的似水柔情
把人間點綴得溫馨浪漫
我迷戀詩的意境
她那奔騰的情感
像溪水流過萬水千山

　　三
那一年
幸會來自寶島的詩人台客

他引領我走進詩的天地
葡萄園的花香
在我心中瀰漫
詩苑中的青藤
踏著波濤纏綿著海峽兩岸

那時起，詩稿與作品
像冬去春來的大雁
在碧海藍天間頻頻往返

我愛上了她
愛上了葡萄園
永遠沉醉在
她如癡如夢的心海中間

回首千山
前路漫漫
沒有盡頭的崎嶇詩途
繼往開來的詩人
仍在執著登攀

　　簡介：宋紹匡，澳門詞作家，自由撰稿人。曾任《中國衛生政策》《當代護士》特約記者，《大公報》澳門專版記者，《澳門月刊》副社長。現為中國音協流行音樂學會、中國音樂文學學會、廣東省流行音樂協會、廣東省音樂文學學會會員，珠海市音樂家協會名譽常務理事。個人作品突現現代自由體詩詞風格，不拘一格。作品多以歌詞為主，代表作：《一個神奇的地方》、《迷人的港灣》、《我們同個夢》。

貴州風情　雙乳峰

我的詩學歷程

台　　客

　　我的詩學歷程，大約從大學二年級開始。那時突然迷上了新詩，開始時是大量閱讀，不久開始練習創作，一兩年之內，寫了百餘首的「詩」，至大學畢業前夕，自己撿選了較滿意的作品二、三十首，以自費打字方式印刷了一本薄薄的「大學紀念詩選」，算是對學生時代的揮霍時光有了交待。

　　大學畢業沒有考上預官，不得不去當二等兵，經過一個月的中心訓練，我被分發到台灣南部鳳山市衛武營的連部服役。在連部裡待了不到一個月，幸運被調到同一營區的陸訓部軍法室當文書。這好像從地獄升到天堂。原本全天職不自由的服役，改為上下班制，下班還能搭車外出營區。於是我趁此機會到高雄市的高青學苑「文藝創作班」上課，在那邊認識了南部知名詩人朱沉冬老師以及他的學生也是我目前的老婆薛雲，經過朱老師的引薦又認識了一些南部詩人。如此我的詩生命繼續維持著，創作不斷，此時寫詩的「功力」不斷增進，作品經常被一些詩刊、報紙選用。

　　當了兩年兵退伍了，融入社會的大熔爐裡，才發現寫詩

無法養家活口，勢必要就職謀取生活。由於在學校時不重視課業，成績都是低空掠過，此時要謀取教職就碰到困難，不得不先到一些私人機構上班，既勞累薪資又不多，生活極不穩定。在各種生活壓力下，我的詩人夢醒了，每天汲汲營營於生活，再也顧不到詩了，僅偶爾心血來潮時寫點小文章，聊表自己不忘文學初衷。即使後來我考進郵政機構，生活較為穩定，但因多年來脫離詩壇詩筆生銹了，也就沒有寫的動力。如此大約有十二年的時光，我心裡暗想這輩子大概不會再寫詩，我已不是詩人了。

　　就在十二年後，一個夏日的夜晚，我獨自一人坐於書桌前，無意識的拿起筆來，竟不自覺的寫出了兩首各十多行的分行詩。剛開始時我感到驚訝、詫異，繼之想著想著不覺眼眶泛紅。我和詩脫離太久了，當年學生時代及服役時我對詩是如此的痴迷與衷情呢！想著想著於是我急於想知道目前詩壇的狀況，第二天早上恰逢星期假日，我特意搭火車到台北市，到各大書店走一趟，買回了幾本詩刊、詩集閱讀。又過了一段時間，對詩壇逐漸熟悉，我想加入一家詩社，以確保自己的詩生命不再中斷。因緣際會，後來終於加入了《葡萄園》詩社。

　　剛加入詩社時由於家住鶯歌，離台北有一段距離，主要是對同仁不熟，所以我幾乎不曾到台北去參與同仁聚會。如此過了幾年，經過相互聯繫逐漸熟識互動始稍多，偶爾也應邀前往聚會。又過了幾年，葡刊主編文曉村想卸下擔子，找了幾位老將擔任編務，卻總是無法穩定，最後找到了我這個「廖化」。剛開始從執行編輯幹起，三年後正式升任主編，如

　　此一幹前後不覺二十年，直到二〇一四年編完第二〇一期的春季號，才卸下編務。

　　主持編務有苦也有樂。苦者每期要審閱那麼多作者的稿件，選稿、編稿、校對，每期總要花費龐大的時間與精力。除此，也要支出各種費用諸如同仁費、郵資、影印、公關等等，以讓詩刊能順利運作、面世。樂者，從之可以認識很多來自世界各地的詩友，有些詩友甚至後來都成了好朋友，相互見面過，有些至今還互有聯絡。此外，當從來稿中發現優秀作品，能挖掘出新人，也是一樂。

　　《葡萄園》詩刊在二十世紀九〇年代初，兩岸剛開放探親不久，文曉村社長已從服務的國中教職退休，他認為兩岸詩壇應加強交流，於是積極主動的計畫組團至大陸訪問。有時十天半個月，有時長達一月，每次訪問我都是基本會員，從不缺席。如此十數年累積下來，幾乎跑遍了大陸各省。再加上我主持編務，每年也經常應邀至彼岸參加各種詩歌會議。到後來我甚至可以自豪的說，在中國大陸的各大城市，我都能找得到認識、接待的詩友。

　　在詩壇「混」了三、四十年，至目前為止，我總共在兩岸三地出版了十一本詩集，兩本散文集、一本詩論集，並主編了包括《葡萄園》四十年、五十周年詩選，中國詩歌藝術學會會員選集、三月詩會選集等共七本。得獎方面曾獲幾個不足道的小獎，也曾當頒獎人頒獎給年輕一代。如今我已超過六十大關，也算前輩級人物了。令人一嘆！

　　寫詩有窮盡嗎？這是一個稍為難回答的問題。去年「三月詩會」由福成兄作東並出題目「詩」，我寫了這麼一首〈寫

詩多年〉的詩如下，也算是回答。

> 寫詩多年
> 到底是我在寫詩
> 還是詩在寫我
> 我不知道
>
> 寫詩多年
> 到底是詩成就毀滅了我
> 還是我毀滅成就了詩
> 我不知道
>
> 寫詩多年
> 到底是詩富有貧窮了我
> 還是我貧窮富有了詩
> 我不知道
>
> 寫詩多年
> 唉唉！或許直到那一天
> 油盡了燈枯了
> 那人才能微笑休息
>
> （2015/4/4）

　　簡介：台客，本名廖振卿，一九五一年生，台灣省新北市人。國立成功大學外文系畢業。曾任《葡萄園》詩刊主編長達二十年，現為中國詩歌藝術學會常務理事。已出版詩集《與石有約》、《星的堅持》、《台客短詩選》、《續行的腳印》等十一部。詩論集《詩海微瀾》一部，散文集《童年舊憶》、《窗外的風景》二部。主編《百年震撼》、《半世紀之歌》等詩選集七部。

貴州風情　油菜花開

夢的筋骨與奢望

白 頻

　　我的根棲居在齊魯大地，熱愛文學緣於故鄉曲阜孔子故
里根的影響，自幼我受祖輩儒家思想的薰陶，文學的種子在
我的幼年就萌生出幼芽。當我頭紮羊角辮，身背棉布書包，
蹦蹦跳跳走進校堂的時候，我卻與那場轟轟烈烈文化大革命
碰個正著。那時候的我除了學習還耳聞目睹了許多當權派關
牛棚、遊街、批鬥的場面。這些場面，讓我學生時代的生活
與那場政治「硝煙」交融相伴。我在那場政治浩劫中完成了
入學、升學、九年制學業的成長與求知的過程。

　　然而，風霜雪雨的沐浴，春夏秋冬的季節更移，大自然
的多姿多彩，為我的文學之夢，又總是於有意無意間塗抹著
五顏六色的迷彩。荳蔻年華時的求知欲，渴望欲，追夢欲，
又總是讓我在燈下與母親牽針引線翻飛的手相伴燈前。有時
母親睡了，我還在堅持學習，對覓求知識的執拗、堅韌，時
常讓母親對我嘮叨不止。我也總是以母親為榜樣，以自己優
異（學生時代每逢班級考試，我總是能在班級排行前三名內）
的考試成績回報父親母親。小學時代的我從一道杠擢升到三

道杠，學校少先隊委員。中學時代的我從班級幹部做到了中學校共青年團團委幹部的職位。那時候的我，心裡裝著五彩夢，每天都在課堂上放飛夢的理想，時時刻刻都在求知的欲望中編織著夢的花環和彩帶。

敢爭天下先，敢做無邊夢的性格是我取得好成績的動力和源泉。老師的喜愛，同學的青睞使我對夢的追求愈加的放任、肆意、大膽。我曾幻想長大後做一名出色的郎中，為天下人解除疾病和痛楚（因為母親病弱的身體，時常讓我萌生著這種想法）。我也曾幻想做一名設計師，用我靈巧的雙手，為無數的百姓繪製出萬間廣廈的圖紙和畫面。當我的一些作文被老師拿去做年級範文的時候，心中便不由自主地萌生出當一名作家的想法。之後，我便在文學的海洋裡奮力遨遊，不知疲倦地在課餘閱讀長篇小說，《呂梁英雄傳》、《桐柏英雄》、《紅樓夢》。閱讀童話故事《漁夫和金魚的故事》，閱讀古代《成語故事》等等。這些文學作品的閱讀，對我日後走上文學道路奠定了飛翔的的腳步，也於不知不覺中燃燒起我幻想成為作家的欲望與奢求。

然而，與十年浩劫的不期而遇，我沒能走進有圍牆的大學，我的大學夢是從八十年代後期開始的。一九八七年結婚生子的我，一次偶然的機會參加了遼寧大學函授學院，全國高等教育自學考試，漢語言文學專業的函授學習並獲得畢業證書。一九九二年我有幸參加了遼寧文學院第四屆青年作家班的學習並畢業。這樣兩次學習，自幼文科出色的我，已經有作品見諸報端。這一時期，我有幸結識了知名詩人阿紅老師，後來由阿紅引薦我又有幸認識了張同吾老師。我潛心研

讀他們的作品的同時，又進行了現代詩歌的研讀和創作，期間閱讀了大量的古今中外的名家名著。逐步形成了自己的創作風格與寫作特點。

　　這一時期的大量閱讀，不僅對我的文學創作起到了拋磚引玉的作用，也對我的早期文學創作打下了堅實的基礎。雖然文學的大門可以魚貫而入。但文學的天梯，就猶如一座獨木橋，要想擠入且能夠鯉魚躍龍門般的融入文學耀眼的殿堂，談何容易？回顧自己走過的文學追夢之路，我曾以「血」的代價，以婚姻的變故而兌換了自己對夢的實現。每每想起那段撕肝裂肺的艱辛歲月，心中總是酸酸的，且不乏五味子的滋味。

　　然而，當他人「洞房花燭」卿卿我我，當別的女人享受丈夫的百般寵倖時候，我卻在做著我自己的文學跋涉之夢。在那個把離婚視為人生的一種恥辱，以及自己曾遭受無數白眼的年代，在別人放縱自我，享受美好時光的時候。我卻獨自一人肩負著養育孩子，照顧二老，將自己置於喧囂、燈紅酒綠之外，獨自踽踽跋涉在文學創作的郊外中，自我陶醉，與命運抗爭。

　　離婚了，生活還得繼續。三十多年來，我在每天重複日月更迭的同時，努力地將那些我生命中經歷過的日月山河以及身邊的人和故事，讓他們進入我的腦海後幻化成一篇篇文學之夢的絢麗羽毛。也曾在無數次內心的掙扎與抗爭的同時，努力地去編織那無數個「癡人說夢」的故事和詩篇。

　　我為了父母為了孩子拼命地活著！文學雖然讓我在這個世界活得不容易，活得艱辛，活得累心累神，我依然在無數

次幾近灰燼的星火中，倔強地點燃我文學之夢的燈火，希望有一天在我心中的那個角落裡，那個挺直腰桿站立的我，一夜間能夠高大起來，成為生死場裡的一名哪怕是不起眼的演員，讓自己的人生能夠演繹出千千萬萬苦難的，悲催的、華彩的、閃光的人生經歷與磨難的華彩篇章。

我曾無數次地在患病熬藥的同時，不忍讓寶貴的時間，伴隨中藥飄香的彌漫而白白地逝去，邊熬藥邊創作。也正是這些許多的不忍，把無數帖中藥熬糊倒掉…

許久以來，我每時每刻都無法停止對文學的思索与夢的前行。我的生命中不想与歲月分享的痛苦是文學，我又想与歲月分享的幸福也是文學，因为幸福是通過苦難來轉化來飛躍來輝煌的。所以，我在今生丟失的幸福，丟失的享受，丟失的感情，丟失的美好，我想讓我在文學覓求的夢幻路上統統得到彌補，我還想讓我在今生得到的文學又一個世界裡漫遊那無邊無際的的幸福。今天我可以無愧地告訴我的祖先，今生，那個托生於齊魯大地的子孫，能夠在人生與文學兩個世界裡曼妙地生活，我已經死而無憾！

未經歲月寒霜苦，哪得梅花撲鼻香？二〇〇四年盛夏，我的第一部詩集《大山尋夢》出版發行。而後我又陸續出版發行了詩集《白薔薇》等十部。

我早期的詩歌創作，趨於意象和朦朧詩派。詩風含蓄隱晦，多以愛情詩為主題。近十多年來，大量的閱讀，潛心研究精品佳作，我的詩風有了很大的轉變。我融中西方的文藝理論和創作技法為一體，並逐步走向了民族化詩歌創作的道路，其作品大多以歌頌祖國的河山和家鄉的風土人情為創作

契機。近年來，我創作的作品也經常被國家級、省級大刊選用。

我在努力創作、力爭多出精品佳作的同時，又擔任了遼寧綏中縣《淩雲》文學、《瑞州文學》的主編工作；兩年前，我創辦並主編了《燕山文學》雜誌。完成了我對文學之夢的付出與追求。我所獲得的成績，使我對文學更加的熱愛，對生活與生命更加的熱愛和充滿信念。

幾十年來，我對文學的追求與探索並非劍走偏鋒似的創作，我的寫作宛若午夜的禮花，力爭全面開花並努力做到熠熠生輝。我在詩歌創作的同時，也寫些散文、小說及評論等文章。

總之，我在三十多年的文學求索、創作、追夢中，努力鑽研、勤奮創作、已從青澀逐步走向成熟且形成了自己的獨特風格和創作理念。今後，我仍要不離不棄地追求我的文學之夢，期待我能更加地勤奮努力，創作出更有價值的作品。

簡介：白頻，中國作協會員，遼寧作協會員，中國詩歌學會會員。淩雲詩社副社長，燕山華文詩歌社社長，中國燕山華文詩歌協會主席。本名張麗萍，生於遼寧省綏中縣，祖籍山東巨野縣。遼寧大學函授學院遼寧高等教育自學考試漢語言文學專業畢業，遼寧文學院第四屆青年作家班畢業。現任《淩雲》《燕山》主編等。

雲帆高掛踏浪來

白　帆

　　當作家、當畫家是兒時的一個夢想。因為作家能用他的作品感染人、教育人、鼓舞人、引導人，是人類靈魂的工程師。畫家能用他巧妙的筆在方寸之間盡展大千世界，給人帶來美的愉悅和享受。都是了不起的人。

　　我對文字、圖畫的天性敏感可以追溯到童年時代。那是學齡前的一天，父親趕著大車帶我進城。坐在車上的我，兩眼盯著馬路兩旁五花八門牌匾上的方塊字，既新奇又興奮，嘴裏嘟嘟囔囔唸個沒完，父親回頭朝我笑笑。大一點上學了，開始正式學習漢字，但總覺得不解渴，便將母親給的零花錢積攢起來去書店購買「小人書」，那些六十四開本圖文並茂的小書似乎成了我最早的文學和繪畫啟蒙。記得當時有《雞毛信》《紅燈記》《白毛女》《敵後武工隊》等等。每次進城，目標直奔書店，眼睛在透明的櫃檯上流連，尋找最新出版的小人書。直至上初一隨家遷至北大荒時，除了簡單的傢俱外，就是我滿滿的兩箱子小人書了。

　　小學三年級時開始學寫作文，或許是有這點功底吧，一

次學校組織去城裡看電影《英雄兒女》，回來要求每人寫一篇讀後感。我被故事中的英雄精神深深感動，當別的孩子為寫兩頁作文犯愁時，我卻一口氣寫了十四頁。同學驚呆了，老師驚呆了，甚至校長也嘖嘖稱奇。於是，這以後學校再有大型活動需要學生代表發言，我便被首推在前。升入初中，我的第一篇記敘文「記一次撲火的戰鬥」，就被那個梳著羊角辮任班主任兼教語文的趙老師列成了全校同年級組的範文；至高中，我的作文不僅成為全校的範文，還被語文老師李斌拿到各班去剖析講解，推薦到縣文化館發表。

　　同時，我的美術作品也多次在校、鎮、縣、市美展中獲獎，於是同學們送我一個「大作家」、「大畫家」的雅號。這期間，我已經不滿足於讀小人書，而是讀長篇如《西遊記》《水滸傳》《封神榜》《三國演義》等古典小說，《平原槍聲》《林海雪原》《鐵道遊擊隊》《新兒女英雄傳》等紅色文學，這時的閱讀就是囫圇吞棗。長大上大學學習漢語言文學才開始讀《紅樓夢》、《子夜》、魯迅的作品和大量外國文學名著如《莎士比亞全集》《牛虻》《紅與黑》《熱愛生命》《巴黎聖母院》等，但由於地理上接近於俄羅斯，我更喜歡俄國的普希金、屠格涅夫、契訶夫、萊蒙托夫、列夫·托爾斯泰及前蘇聯高爾基、奧斯特洛夫斯基等詩人和作家及他們的作品。這時的閱讀比較系統和認真。同時，還閱讀了大量古今中外的詩歌作品及其評論，以及創作理論和技巧。李白、蘇軾、普希金是我的偶像。

　　其實，真正開始文學創作還得說是一九八七年，那時在城裡讀師範，課餘時間寫了幾首詩也不知深淺，便打聽到文

化館有一位叫倪笑春的創作輔導員，便「登門」拜訪。倪老師仔細看了我的「詩」，然後進行指點。歲月的流逝我早已忘記他講了什麼，但這個「歷史鏡頭」卻永遠鐫刻在我的心中。後來因為學習忙便擱筆。一九八三年，在老萊鎮任團委書記的我又重新拾筆創作，並創辦一份油印文學刊物《青山綠水》，為廣大青年提供一塊發表園地。我自己創作的小說〈天啊，讓我怎樣抉擇〉〈一場漂亮的阻擊戰〉先後在《黑龍江青年》和《齊齊哈爾日報》發表。一九八六年秋我調到城裡後，參加了文化館舉辦的「金秋筆會」，結識了文學組織和詩壇諸友，並受其影響開始了業餘詩歌創作。

　　詩不僅來源於生活，也來源於心靈的驛動。一九八七年三月，市委請老山前線的英模來作報告，一位團政委講述了一個讓人悲憤的故事：一位戰士即將奔赴前線，卻收到了女友的絕交信，他默默把信揣進口袋隨著隊伍出發了。戰鬥異常激烈，戰士英勇犧牲。當戰友們從他口袋中發現了這封被鮮血染紅的信後，無不悲憤低泣。聽到這裡，座無虛席的政府禮堂裏寂然無聲，我的內心波濤洶湧，被英雄的事蹟深深感動，也為這位戰士的愛國精神不被人理解憤憤不平。夜深了，我輾轉反側，心想，為什麼就不能有一位同樣愛國的女青年理解和支持這位戰士呢？有，不但會有，一定還會很多。於是，一首〈雪雕〉小詩在心中誕生了：

　　　離別的日子裡
　　　我沒有流淚
　　　我把思念悄悄堆起

堆成一尊威武的雪雕
那是我心靈的驕傲

也許有一天
季節風會把你和冬
一起吞掉
我將含淚為你舞蹈
因為你已經把血
融入了大地
為春天捧出一片
紅豔豔的笑

　　四月十六日，這首詩以「白帆」的名字在詩人李風清老師任副刊部主任的「齊齊哈爾日報」發表了，這就是我的詩歌處女作。後來，有人問我為什麼叫白帆？我告訴他這個名字來源於俄羅斯詩人萊蒙托夫的那首著名的詩篇〈帆〉：

　　「在大海上淡藍色的雲霧裡/有一片孤帆在閃耀著白光/它尋求是什麼，在遙遠的異地？/它拋下了什麼，在可愛的家鄉？//波濤在洶湧，海風在呼嘯/桅杆弓起了腰軋軋作響/唉！它不是在尋求什麼幸福/也不是為了逃避幸福而奔走他鄉//下面是比藍天還清澄的碧波/上面是金黃色的燦爛的陽光/而它卻在不安地祈求風暴/彷彿是在風暴中才有著安詳」

　　我崇尚帆的迎風踏浪、永遠進擊的精神和意志，帆成了我追求理想的精神象徵。

　　此後，我先後參加了魯迅文學院、詩刊社詩歌藝術創作中心的學習，瞭解和掌握了更多的文學創作知識和寫作技巧。一九八九年，我的詩歌〈雪鳥〉在北京詩刊《「詩刊」青年詩人》版發表。同年十一月，抒情組詩〈秋天斷想〉在前蘇聯莫斯科電台發表。一九九〇年四月，我應邀赴京參加詩刊社主辦的為期半個月的創作筆會，親耳聆聽了著名詩人、詩刊社主編張志民、鄒荻帆以及著名詩歌理論家張同吾、朱先樹，著名編輯家王燕生、韓作榮、寇宗鄂等老師的講座，深受鼓舞和啟發，創作大有長進。同時，還隨筆會遊歷了北京故宮、八達嶺、泰山、大連等地，領略祖國壯美的自然風光，感悟中華燦爛的歷史文化，創作發表了一些詩歌作品。

　　一九九三年，我的一首謳歌父親的詩歌〈麥芒的陽光〉登上大刊《中國作家》，同年，自己設計封面和插圖的第一本詩集《星河夢帆》出版發行了，沒想到這本像一片綠葉充滿青春氣息的小冊子不到一個月竟然在新華書店銷售一百多本！許多人就是通過這本書知道「白帆」這個名字的。特別值得一提的是一九九四年春天，我的一首表現鄉愁的短詩〈小路〉跨過海峽，在文曉村先生主編的臺灣《葡萄園詩刊》發表：

小　路

一條神經

敏感而纖細

祖父從此走出

　　父親從此走出
　　母親驚險而美麗的傳說
　　從此走出

　　一條情感的遊絲
　　通向遙遠的城市
　　這端是我
　　那端是你
　　中間是一個永遠也打不開的
　　情結，繫著野菜苦澀的清香
　　繫著青紗帳裡的秘密

　　春蠶吐絲
　　吐出一條小路
　　小路越走越長
　　一直把我牽回夢的故鄉

　　這首鄉土小詩或許是喚起了臺灣同胞的離愁別恨，得以受到青睞，這是我第一次在海峽彼岸發表作品。從此，我就與《葡萄園詩刊》的詩人們建立起了聯繫。

　　一九九五年九月，應臺灣著名詩人《葡萄園詩刊》社社長文曉村的邀請，我前往哈爾濱與前來大陸訪問的臺灣「九歌行大陸詩人訪問團」的九位詩人（文曉村、金筑、台客、劉建化、麥穗、宋后穎、賴益成、秦嶽、王幻）相會、交流，並一起參觀了呼蘭蕭紅故居，創作了詩歌《落紅蕭蕭》，年底

在省文化廳文學評獎中獲二等獎，並在當年台灣《葡萄園詩刊》冬季號發表，次年，被選入《中國詩歌選》一書。

一九九六年，由著名女詩人楊星火作序的第二本詩集《白帆詩選》由四川民族出版社出版發行。一九九九年，組織上考慮我的創作成果和業績，調我任市文化局副局長兼文聯常務副主席、主席，成為當地文藝界的領軍人物。為此我更加努力學習和創作，二十多年來，我創作發表了兩百多萬字的文學作品，在國內《中國作家》《詩刊》《世界文藝》《北方文學》《詩神》《詩歌報》等刊物，以及香港《文學報》、臺灣《世界論壇報》、《葡萄園》詩刊、《秋水》詩刊、澳大利亞《詩人藝術家》、俄羅斯莫斯科廣播電臺等報刊以及《中國詩歌》等十餘家網站發表。作品入選《中國詩歌選》《世界漢詩年鑑》《中國詩人詩歌大辭典》《中國詩人大辭典》等辭書。

一九九四年，我的一首〈讀毛澤東書法〉的詩，在全國詩歌大賽中獲三等獎（一等獎空缺），應邀去北京參加頒獎大會，見到了臧克家、賀敬之、魏巍、阮章竟、公木、李瑛、雷抒雁等，並出席新老詩人座談會，倍受鼓舞。

二〇一二年，詩歌〈家書〉獲香港當代文學研究會和福建省文聯、作家協會等十個部門聯合舉辦的「蔡麗雙杯赤子情」全球新詩大獎賽一等獎，應邀去福州市出席頒獎大會。這是從全球華人詩人的一萬首參賽詩歌作品中，經過十幾位評委的兩輪票決精選出的獎，雖然獎金只有人民幣兩千元，但意義深遠。

唐朝秦韜玉有詩云：「苦恨年年壓金線，為他人作嫁衣裳。」創作三十年來，我雖然取得了一些成果，但由於基本

上是業餘創作，沒有足夠的時間和精力，即使到了在別人看來是搞專業的文聯工作，也把絕大部分時間用在了工作和培養新人上。文聯下設十一家協會，工作量大，特別是為了培養新人，打造精品，我們克服了重重困難辦了兩本純文學刊物，一本《星光文學》，一本《北極星詩刊》，同時又為大家編輯文學藝術作品集二十餘部，這些牽扯了我大量精力。上班的時間基本都是在為人作嫁，有時還要加班到深夜。雖然培養了一大批作者，推出了許多優秀作品，但也深深影響了我個人的創作。我有很多想寫的東西卻沒時間動筆。這些年由於長時間廢寢忘食、嘔心瀝血地工作、熬夜、不及時吃飯等因素使我患上了口腔潰瘍，經常復發。有人看我經常加班，以為我是在為自己寫東西，就問「出幾本書了？得多少稿費呀？」每逢這時，我都淡然一笑。在這個重物輕文的時代，有誰願意獨守清貧和寂寞，去做這個苦行僧一般的工作？正如我在自己的一首詩裡所描繪的那個《金薔薇》裡的沙梅，他每天從灰塵裡篩選金屑，為的是打造一支金薔薇，送給橋頭那個因失戀想尋短見的少女。可是經過千辛萬苦，當他終於把做好的金薔薇給少女送去時，少女已不知去向。

　　這個故事帶有一定的悲劇意味。然而，作為一個文學寫作者，他的使命就是生命不息，創作不止，正像那張帆，從遙遠的雲端駛來，掛滿征塵和希望，踏平腳下的一路坎坷，奔向憧憬嚮往的地方。我願做那張帆，鼓滿風的偉力，充滿力的舞蹈，拉滿弓的弦月。因為創作不僅是一種愉悅，同時，優秀的作品也會感染人，引導人，給人帶來美的藝術享受。因此說，儘管創作道路充滿艱辛，我還要不停地走下去，抓

住時間的金線，譜寫亮麗的詩篇，直至光輝的頂點。近期目標是，今年我要出第六本詩集，暫定名為《喊春》。

　　簡介：白帆，本名徐啟發，吉林東豐人，哈爾濱師範大學畢業，現任黑龍江省齊齊哈爾市作家協會副主席兼訥河市文聯主席，黑龍江北極星詩社社長，《星光文學》《北極星詩刊》主編，係中國詩歌學會、中國散文學會會員、黑龍江省作家協會會員。在《詩刊》《中國作家》《世界文藝》《葡萄園詩刊》等海內外百餘處發表詩、文千餘件，作品入選《中國詩歌選》等百餘卷，傳記入選《中國詩人大辭典》等多部，著有詩集《白帆詩選》等五部，散文集《相約如夢》一部。主編大型文學作品集《中國當代詩人情詩集萃》等二十餘部。二〇〇五年被齊齊哈爾市委、市政府授予首屆十大「德藝雙馨文藝家」。

貴州風情　黃果樹瀑布

在崎嶇的文學道路上跋涉

陳躍軍

小學時，每當讀到語文課本上精緻的短文，就一直在想，什麼時候自己也可以寫出這麼美麗的篇章，那該有多好啊！這可能就是我最初的文學夢。

初中時，開始訂閱黑龍江大慶出版的雜誌《作文成功之路》，跟著王浴海等名師學寫作文。因為作文寫的有特色，有些被當做範文在課堂上讀，但錯別字太多，被老師揍是家常便飯。

高中時，師從山西省特級語文教師梁勉之先生。在應試教育的條件下，對於理科成績差的我來說，語文無疑成了我的「救命稻草」，梁老師也就成了我的「救命恩人」。先生教我們讀書、寫作、做人，並利用其愛人在閱覽室工作的便利，幫我們借閱《讀者》等各類文學、寫作類雜誌。也是從那時起，我養成了記日記的習慣，並開始寫一些稚嫩的文章，向一些雜誌投稿，但是泥牛入海，沒有任何回音。

一九九七年，高考落榜後，我被降分錄取到西藏農牧學院讀書。十八歲的我，背起行囊，長途跋涉十餘天，踏上了

西藏這片遼闊而神秘的土地。每逢佳節倍思親，離家萬里之遙，思鄉開始成為我人生的一種主題，於是開始寫一些不知所言的文字。當時，民間文學十分活躍，民間文學小報林立，我的第一首小詩〈囈語〉就發表在河南許昌民間小報《青年文學報》上，雖然已經慘不忍睹，但當時的心情還是十分的激動。正是通過這份小報，我認識了徐鴻喜、殷水民等老師，並陸續開始在他們主持的民間報刊《魏風》、《建安詩壇》、《清風》上發表作品。至此，我在文學的道路上邁開了自己歪歪扭扭的腳步。

二〇〇〇年七月，大學畢業後，我被分配到藏族著名詩人倉央嘉措的故鄉，中印邊陲錯那縣覺拉鄉工作。當時，鄉里用電靠柴油機發，一個老式電台是和外面溝通的唯一管道。我是鄉里唯一的漢族。為了儘快適應環境、融入當地，我開始用自己在學校學習的簡單藏語和農牧民群眾交流，並在工作之餘，發奮讀書，用自己的筆記下獨特的生命感悟。那時候，郵寄一封信往返需要兩個月的時間，在前後一年多的時間裡，是梁勉之、徐鴻喜老師一次次給我寫信，一次次給我郵寄書刊和報紙。當那一個個帶著關愛的信封被打開的時候，不僅僅是一份師長的問候和勉勵，而且是一個生命對另一個生命的撫慰。

調到海拔四三八〇米的縣城工作後，氣候更為惡劣。但是交通、通訊都十分方便。也是從這時起，我開始大量投稿，並先後有作品發表在《詩刊》、《散文詩》等報刊上。二〇〇一年，我在河北省隆堯縣馮延辰老師主編的《野草》上發了一組詩歌，引起了吉林省作家丁木（王玉琛）老先生的注意，

他親自給我寫信、打電話，鼓勵、勉勵我在文學路上勇敢地走下去。

二〇〇三年，我自費出版了我的第一本詩集《飛翔的夢》。該書分為「故鄉的風」、「西藏在訴說」、「枕著你的名字入睡」等輯，收錄我的小詩百餘首。因為直抒胸臆的寫作方式，至今看來，依然清純雋永，讓人回味。

二〇〇四年，懷著對文學的虔誠，懷著對師長的感恩，我利用第一次休假的時間，先後來到吉林四平和河南許昌，拜訪我敬愛的丁木和徐鴻喜先生，得到了兩位老師的盛情款待。他們像對待自己的兒子一樣接納了我，讓我吃住在他們家裡，帶我參觀當地的名勝古跡，給我講述當地的人文風情，並且介紹我認識了一些文友。我被深深地陶醉了，不僅僅是在酒中，而且是在這濃濃的人性溫暖中。

二〇〇五年，《西藏文學》主編克珠群佩老師親自到我的單位找我，並在當年的第四期雜誌上發表了我的〈經幡〉等作品。以後，每年的《西藏文學》都會發表我的詩作，從沒有間斷過。也正是通過《西藏文學》我認識了西藏作協紮西達瓦、吉米平階、次仁羅布等老師，並在二〇〇八年山南文學筆會上第一次見到這些仰慕已久的老師，聆聽他們的教誨、指導，並在文學的道路上越走越寬。二〇〇五年，我加入了中國詩歌學會。二〇〇九年我加入西藏作家協會，二〇一〇年加入中國國土資源作家協會，二〇一三年加入中國作家協會。

二〇〇六年，舉世矚目的青藏鐵路通車。中央電視台綜藝頻道電視詩歌散文做了一期特別節目「青藏的藍」，選播了

我二〇〇五年和愛人一起坐長途臥鋪車在唐古拉遇險時創作的詩歌〈守望在世界的最高處〉。該詩由著名配音演員徐濤朗誦，精美的畫面、激情的朗誦，加上動聽的音樂，這是一次音畫詩的完美結合，這首詩歌這也是我最滿意的詩作之一。

　　不記得在什麼時候，我在《詩屋》論壇上認識了湖南詩人吳昕孺和歐陽白，並在他們的幫助下，於二〇〇八年由珠海出版社出版了我的第二本詩集《用心觸摸天堂》，該書分為「阿媽的村莊」、「我是唐古喇山的新娘」、「與詩歌同居的日子」等輯，再現了我十一年的高原的心路歷程，因為其獨特的地域文化書寫，被譽為「西藏高原生態詩歌」。

　　轉眼，來西藏已經十八個年頭了。從學校到社會，從高海拔到低海拔，工作崗位幾經變換，但在各位老師和前輩的關愛下，文學夢一直在繼續。因為在二〇〇三年左右同時在不同平台上創辦西藏文學論壇，我和西藏山南本土詩人乙乙認識，並於二〇〇八年創辦了民間文學刊物《格桑花開》。這份高原新生的文學刊物得到了賀敬之、韓書力、雁翼、韓石山等區內外著名詩人、作家、藝術家的大力支持。雖然這份刊物堅持了不久就被迫停刊了，但它像一朵永不凋零的格桑花，怒放在民間文壇，鐫刻在我們永恆的記憶裡。

　　近年來，我還先後認識了台灣的台客、涂靜怡等老師，在他們的關愛下，在寶島《葡萄園》、《秋水》等刊物發表作品，並有部分作品被翻譯成藏文、俄文和英文。二〇一〇年、二〇一一年，我和湖南詩人劉昕主編了西藏題材散文集《相約西藏去放牧》（內蒙古人民出版社出版）、《西藏情緣》（中國言實出版社出版），被媒體稱為西藏散文體裁作品的兩次

「集結號」。同時，與山南作家協會主席伍金多吉老師主編了山南作家文叢（漢文）散文卷《心動山南》和詩歌卷《詩意山南》。此外，我還主編了詩歌合集《格桑花開—藏地詩人十人行》，出版了個人散文隨筆集《觸摸瑪姬阿米的笑》（中國書籍出版社出版）、《春天在西藏奔跑》（中國工人出版社），並先後應邀到西藏人民廣播電臺做了三期的讀書節目。

　　我深深知道，沒有各位師長的關愛就不會有今天的成績。這些年的文學創作路上，既有收穫和喜悅，也有艱難和苦澀，但我無怨無悔。

　　在文學創作上，沒有最好，只有更好。我將繼續在各位師長的關心下，潛心讀書和寫作，勤奮耕耘，努力寫出更多關注生命和靈魂成長、呼喚真善美的作品。

　　簡介：陳躍軍，一九七九年出生於山西芮城，一九九七年進藏，曾在《詩刊》、《人民日報》、《葡萄園》、《秋水》等報刊和中央電視臺等媒體發表詩文，著有《飛翔的夢》、用心觸摸天堂》、《觸摸瑪姬阿米的笑》，主編《相約西藏去放牧》、《西藏情緣》《格桑花開 ── 藏地詩人十人行》等，係中國作家協會、中國詩歌學會會員。

文學一夢三十年

金殿國

文學是我最忠誠的朋友，從十六歲到四十六歲，陪伴
我走過人生最重要的三十年。

—— 題記

　　從一九八四年四月發表第一首詩作至今，已經過去整整
三十年了。那時我還是山東省棗莊市第三中學十六歲的高一
學生，記得在學校報欄上看到《棗莊日報》發表我的處女作
〈校園從睡夢中醒來〉，當時的興奮真是無法用文字來形容。
今天翻看泛黃的剪報，那些稚嫩而清純的詩句仍然令人懷
念：「晨風裡送走睡意／校園從夢中醒來／一夜的香甜頃刻散開
／校園抖開碩大的胸懷／清水帶來淡雅的幽思／掃帚送走混亂
的感慨／吟哦著希望的詩篇／換上春天的裝戴／像青年一樣朝
氣／胸中奔流著青春的血脈／她邁開時間的大步／以特有的速
度／從夢中走向白日／從白日走向未來。」我情不自禁地回想
起對文學無比癡迷的中學時代。
　　說起對文學的熱愛，還要追溯到上小學的時候，現在想

來應該感謝父親對我的「縱容」。那時家庭經濟條件雖然一般，但只要是我買「小人書」等正當的課外讀物，父親總是有求必應。隨著年齡的增長，一些大部頭的文學課外書也逐步走向我的案頭，尤其是詩歌這種文學樣式對我有別樣的吸引力。從小學開始，我的作文便被老師當做範文在班級朗讀；到了初中，我便開始創作那些稱為「詩」的分行文字了。

　　我至今仍保留著一份棗莊三中淺草文學社一九八五年四月創辦的《淺草》社刊創刊號，棗莊籍著名詩人賀敬之題寫了刊名，我忝居首批編輯之列。刊物雖然簡陋，卻記錄著青春的豪邁和激情；印刷雖然模糊，卻鐫刻著對文學的摯愛和深情。那時我是棗莊三中高二的學生。自發表詩歌處女作以後，一發不可收拾，不斷寫作，四處投稿，真有點走火入魔的味道，以致把學業也耽誤了。原本擔任班長，學習成績在班級前幾名的我，高考失利進入棗莊師專（現已升格為棗莊學院）中文系學習。

　　一九八六年九月，我很不情願地走進棗莊師專的大門，畢竟作為省重點中學的畢業生考入棗莊師專這所被同學們戲稱為「棗莊北大」的學校，心理落差還是很大的。但中文系於我而言，正如魚得水，在這裡創作成了正業，我忘情地撲入文學的大海恣意遨遊。說起來，中文系老師們的水準卻是響噹噹的，在國內也有一定影響，如鮑延毅、劉劍鋒、胡小林、王曉祥等諸位教授給了我許多嘉許和點撥，從他們身上我學到了許多做人和為文的道理。這期間我發表了不少作品。

　　一九八八年年七月，二十歲的我從棗莊師專中文系畢業，留校擔任《棗莊師專報》編輯。這之前《棗莊師專報》

說是「報」，其實與真正意義上的「報」相差甚遠，最多算一份內部資料性的「學校大事記」。不定期出版，談不上新聞時效性；沒有稿酬，調動不了作者的積極性；印數少，又缺少廣泛的影響力和群眾參與性。辦這張報，優勢甚少，侷限甚多。我和編輯部同仁集思廣益，主動出擊，使出了看家本領。首先縮短報紙出版週期，定為月報；其次建立相對穩定的作者隊伍，邀請校內外領導和知名人士撰寫專稿。三是對報紙版面和欄目進行重新設置和調整，第四版專門開設了「太陽風」文學副刊。四是充分調動版面語言，讓報紙活起來，亮起來。五是功夫在報外，走出我們的特色之路。除經常性的對外新聞宣傳報導外，我參與了「年輕的大學」等十多部電視專題片的撰稿，使我對專題片解說詞這一特殊文體的寫作有了自己的認識並形成了特有風格。六是不怕門戶之見，在全國同行面前勇敢地亮出自己的旗幟。一九九〇年，我參與主編了《雛聲 ── 全國高校校報文學集萃》，該書係我國首部全面展示高校校報副刊陣容的文學作品集，著名寫作理論家馮中一教授作序，在全國高校產生了一定影響，數十家報刊刊發新聞和評論，並獲得山東省寫作學會優秀科研成果獎。

彈指間，我離開棗莊師專（棗莊學院）已經二十多年了，但與棗莊學院的密切聯繫恐怕今生亦難以割捨。因為在我的心底，這段編輯生活雖有寂寞和苦惱，但卻是如此充實而富有魅力，我畢竟為之付出了汗水與智慧，也收穫了甘美與溫馨。翻檢親手編輯、設計的舊報，常憶起忙碌的日日夜夜和遠去的師專生活，一股暖意洋溢在心頭。

一九九一年調入棗莊市教育局後，因工作繁忙、崗位調整，文學創作一度中斷，但也忙裡偷閒，零零星星寫了一些作品，出版了幾本書籍：個人散文集《心靈的散步》，主編《城市的心跳》《全國校園文學拔萃》《中國當代短詩選》《中國當代親情詩文選》等多部文學書籍，賀敬之、劉征、顧明遠、蔡麗雙、譚旭東等十數位詩人、評論家為我出版的書籍題寫書名、撰寫評論。其中「攝影詩」這一文學樣式對我影響巨大，從而結下了不解之緣。從一九八八年第一次為別人的攝影作品配詩發表到現在，一晃二十多年了，我對攝影詩的喜愛與日俱增。在我心中，它是最美的藝術形式。大約在一九九六年前後，我也終於端起了傻瓜相機，儘管對攝影技術幾乎一竅不通，但仍傻瓜似地狂拍不已，無論風景還是人物，一切隨意、全憑感覺、沒有目的。

二〇〇二年十月，我隨山東省教育考察團赴歐洲六國。不知為什麼，出版一本攝影詩集的念頭特別強烈。出發前就想，只要能拍出大致像樣的片子，這本書就一定出，不惜代價！當時我使用的是奧林巴斯普通相機，隨身帶了十個膠捲。天助我也！沖洗出來的照片效果居然不錯，於是促成了三十六開本的攝影詩集《心智的漫遊 ── 如詩如畫歐洲行》於次年元月出版，立時叫好聲一片。特別是一同出國的省市招辦領導，在許多場合每每提及；安徽高校的一位中國攝影家協會會員專門來電祝賀，以為我使用的是很高級的攝影器材；教育部一位對攝影頗有研究的高級發燒友，看到我的那本小冊子後說，用普通相機拍攝的作品出書，這是第一次看到；更有山東高校招生系統一些朋友對書中簡短的配詩和諸

如「褲子裏長出的風景」的標題等津津樂道。其實，我對自己的初級攝影水準心知肚明。若非得找點原因，那就只能感謝歐洲的風光太美，感謝那本書的設計水準高超，感謝我的運氣不錯。此後，那本小書對我的攝影愛好又進一步「推波助瀾」，加熱升溫。

　　二○○五年十月，我去北京參加學習，終於按捺不住內心的衝動，在教育部那位攝影專家的現場指導下，購買了入門級的專業相機佳能　EOS20D，後來又鳥槍換炮，購買了EOS5D2。從此儼然一名職業攝影者，外出考察學習、親朋好友聚會、週末遠足郊遊，都背著這部相機四處招搖。其間也偶爾看了一些攝影書籍、報刊，掌握了一些皮毛知識，但終究深入不進去，無奈只好給自己一條退路：別太難為自己，任其自然，隨心所欲，跟著感覺拍吧。我走過了國內國外大大小小一百多座城市，於是想以《走過一百座城市》為題，出版一本攝影詩集，作為這一愛好的一次小結，該書二○一○年十月順利出版。欲罷不能，二○一三年六月我又出版了攝影詩集《詩畫千年古城 ── 兩岸詩人筆下的台兒莊》，在海內外產生了一定影響。無論個人才力，還是財力，以及視野、技巧等方面，出版這樣的攝影詩集，對我而言都有捉襟見肘之感。但出於酷愛，出於無知者無畏，就索性再「衝動」幾回。我可以驕傲地告訴大家：我又出版了一本書，一本自己攝影、自己配詩的攝影詩集！雖有些孤芳自賞，敝帚自珍，內心還是很有成就感的。

　　文學一夢三十年，這夢仍然未醒。在我眼裡，她是夜海裡的燈塔，寂寞歲月中散發著迷人的光；她是少年的衝動青

春的夢想中年的寄託；有時帶來激情帶來滿足帶來榮光，有時又帶來無盡惆悵。文學不再像當年風生水起萬眾矚目，已回歸正常律動，坦露生命本色。我願意把文學夢一直做下去，直到告別這個世界。

　　簡介：金殿國，男，現供職于山東省棗莊市教育局。一九六八年八月生於山東台兒莊，在《詩刊》、《光明日報》、《羊城晚報》，美國《亞省時報》、《越東寮週報》，臺灣《葡萄園》詩刊，泰國《中華日報》等海內外數百家報刊等發表文學、攝影等作品千餘件。著有攝影詩集《走過一百座城市》、《詩畫千年古城》、《心智的漫遊——如詩如畫歐洲行》等，主編《中國當代短詩選》、《中國當代親情詩文選》等書籍 20 餘部。

俄羅斯風情　夏宮噴泉

夢從山村啓航

唐德亮

　　我出生於粵北連山一個叫沙水沖的小山村子。那是一個群山環抱而又僻遠、粵湘桂三省接壤的小山村。我的文學夢是從這裡啟航的。

　　我讀小學和中學時，文化大革命正如火如荼，能讀到文學著作不多，真正讓我對文學產生濃厚興趣的，還是長篇小說。一本是金敬邁創作的、反映救人英雄的《歐陽海之歌》。這是從同學手中借來的小說。這部書我是讀了一遍又一遍，每讀一遍都受到巨大的感染與震撼。同學催還，而我卻不捨得、不願意還，於是心生一計，買來一個筆記本，將該書的每一節縮寫成幾百字，寫在筆記上，花了幾天幾夜功夫，終於大功告成。我還將書中的一些重要段落抄了下來，不時翻閱、品味。這可能是無師自通第一次學「縮寫」。

　　一九七一年，有位叫阿奇的廣西桂嶺青年來我們生產隊鉤松香，這是生產隊為搞活經濟、增加社員收入而聘請來的副業人員。一天晚上，我到阿奇的宿舍玩，發現他正在讀一本當時被批判的「毒草」、反映抗日戰爭的長篇小說《戰鬥的

青春》（雪克著），我便纏著他借我看幾天，豈料他硬是不肯借，說是「小孩子不適宜讀」，我只得怏怏而回。但總不甘心。幾天後我又到阿奇處，發現他大門敞開，不見人影，而那本《戰鬥的青春》卻放在床頭邊的桌子上。我靈機一動，用白紙寫了一張借條：「你的書我借去看，三天後歸還。」放在桌子上，用口盅壓住，便將書拿回家，日夜攻讀，讀得熱淚盈眶。是《歐陽海之歌》與《戰鬥的青春》使我癡迷上文學，從此我像蜜蜂逐花一樣搜尋文學著作。

偏僻的山村文學書畢竟有限，讀中學後境況就大大不同了。當時中南局五七幹校辦在我們公社，他們的子女也在我們上草中學讀書，因此我得以到他們子女中的一些同學家中玩，借了一大批文革前的名著。那幾年從各種管道借來的名著有魯迅的《吶喊》、《紅岩》、《苦鬥》、《青春之歌》、《村歌》、《草原烽火》、《豔陽天》、《高玉寶》、《放歌集》以及文革中出版的《金光大道》。自己也去書店買了不少小說，如《沸騰的群山》、《激戰無名川》、《難忘的戰鬥》等一大批。還買、借讀過當時出版的《朝霞》、《廣東文藝》等雜誌，並愛讀報紙的文藝副刊，於是悄悄做起了作家夢，萌發了發表作品的念頭：「什麼時候自己有文章登上報紙、雜誌就好了。」「什麼時候有一本自己創作的書出版、成為一個作家就好啦。」

高中畢業，回鄉當起農民。那時是日戰，夜戰，雨天一身水，晴天一身泥，但泯滅不了的是我的文學夢。每天，再苦再累，也要抽空讀幾頁小說。有時沒有小說，就抓來什麼看什麼。一年多後被抽去搞路線教育運動，便試著寫了些詩歌與小說習作。

　　一九七八年第一期的《連山文藝》發表了我的第一篇小說〈追稻種〉。習作變成鉛字，很是高興了幾天。後來讀中師、大專，當小學、中學語文教師、縣教育局幹部。一九八三年一月，與連山的呂傑漢、劉國平、張淩等近十位文友創辦了「春草文學社」並辦起《春草》雜誌，不僅自己「發燒」，還帶動了一群文青一起「發燒」。一九九〇年二月我調來清遠市清遠報社任記者、編輯，繁忙的採編工作之餘，仍不忘文學創作。

　　從一九七八年至今，我接連在海內外數十家刊物諸如《作品》、《南方日報》、《羊城晚報》、《人民日報》、《人民文學》、《民族文學》及美國的《美華文學》、《正報》、菲律賓的《世界日報》、泰國《中華日報》等發表詩、文、隨筆、評論等，並有多篇作品被《詩選刊》、《散文選刊》、《新華文摘》《青年文摘》《作品與爭鳴》、《雜文選刊》轉載，十多種年選選入我的作品。

　　一九八八年三月，我加入了廣東省作家協會，拿到省作協寄來的會員證書，興奮地想：啊，終於圓了，作家夢！二〇〇一年，我加入了中國作家協會；兩年後，我被評為二級作家，二〇〇八年十二月，我被評為國家一級作家。權威專著《中國詩歌通史》、《中國詩歌三十年》與《中國當代少數民族文學史》等多部文學史、詩歌史專著對本人有專門論述。

　　這期間，有三次獲獎值得一寫。一九九〇年，我的第一本詩集《南方的橄欖樹》由廣東旅遊出版社出版。兩年後的一九九二年十月，該書被廣東作家協會評為第八屆廣東新人新作獎。《南方日報》公佈了獲獎作品名單，一下子引起全省

文學界尤其詩歌界矚目，於是我的知名度似乎一下子翻了幾番，不少人向我打電話、寫信祝賀。我便有點飄飄然起來，因為這是省作協的常設大獎，有權威性。就在這時，也有人向我潑來冷水，這就是韶關教育學院院長、知名語文教育家、作家劉清湧。他對我說：「你不要滿足，要以此為新起點，爭取獲更高層次的文學獎。」劉清湧是我的文學啟蒙老師，一九七七年秋，我向《連山文藝》投了一些不成熟的稿件，時任該刊主編的劉清湧托人邀我到他家。在他那堆滿書刊的小房子裡，我見到了這位心儀已久但一直未見過面的作家、老師。劉老師對我談了我稿件的優點與存在問題，鼓勵我寫出樸實而富有生活氣息的作品。後來，是他編發了我的第一篇小說處女作。十五年後，劉老師又給我敲響警鐘，使我意識到，文學這門檻邁進去容易，但要登上更高台階仍要付出更多的汗水與艱辛。於是，我不再沾沾自喜。

　　二〇〇〇年秋，中國報紙副刊研究會組織「中國記者肇慶行活動」，全國百多家報紙的副刊部主任、編輯雲集肇慶采風。主辦方同時開展徵文，設下重獎：一等獎三名，每名獎金一萬元；二等獎十名，每名三千元；與會采風者都是文壇行家高手，是該省、市的創作骨幹，有的還是知名作家。大家都說這是重獎，在席間互相預祝彼此獲獎，其實都在心中祈望自己能得獎。我不敢奢望能獲一等獎，心想能得三等獎或優秀獎就不枉此行了。采風中我認真觀察、細心傾聽，回來後又作了深入的思考，精心構思，寫出了一篇三千七百字的散文〈端硯賦〉。發表後寄去北京，權當完成任務，很快就把此事忘了。次年四月初某日，忽接一個北京寄來的通知，

叫我於四月九日到北京人民大會堂出席「中國記者肇慶行」全國徵文大賽頒獎大會。這才得知，我竟獲了一等獎，且排名第二！頒獎會上，自然引起了全國報紙老編們的矚目：一個地方報紙，竟能得一等獎，且排在《人民日報》前邊！著實引起了一些震動。這次獲獎情況，全國近百家報紙發了消息。《衢州日報》一位編輯主任、作家後來寫信給我說：「你的〈端硯賦〉獲一等獎，真是不得了……」類似的書信收到不少。這次獲獎，使我對散文寫作信心陡增。

二〇〇六年九月，我的第四部詩集《蒼野》榮獲廣東第七屆魯迅文學獎（廣東最高政府獎），實現了劉清湧老師十幾年前的期望。這一次獲獎，也在廣東文學界尤其詩歌界產生了一定影響，清遠市委宣傳部還為我召開了獲獎座談會，省作協領導和專家幾十人到位，對拙著給予好評。

我依照沒有陶醉。我清醒地知道，自己離大詩人、大作家仍有很大的距離，要寫出膾炙人口、留傳後世的名作更加不易。我決心繼續耕耘，奮力向更高的境界進發，攀登。

於是，夢想又繼續啟航，向著遙遠而迷人的彼岸……

簡介：唐德亮，筆名方野、方原，男，廣東連山上草沙水人，中國作家協會會員，廣東作家協會理事，清遠市作家協會主席，清遠日報副總編輯。一級作家。係清遠市第四、五批專業技術拔尖人才。已出版詩集六部，長詩一部，短篇小說集、散文集、雜文集各一部。

說說我的寫詩體會

王學忠

　　我是七〇年代開始寫詩八〇年代初發表詩歌作品的，第一首詩〈捕星〉發表在遼寧錦州《啟明》創刊號上，第一本詩集《未穿衣裳的年華》一九九一年由河北少年兒童出版社出版。迄今已發表詩歌、散文、評論等文學作品千餘首（篇），結集出版詩集十二本。其中有三本被譯成英文介紹到國外，尤其是在二〇〇一年出版的反映我下崗後艱辛生活的詩集《挑戰命運》，引起詩壇名家劉章關注並向海內外數十位詩人詩評家推介以來，已有百餘家報刊發表了數百篇針對我的詩的評論文章。其中有《人民日報》、《文藝報》、《詩刊》、《文學評論》、《文藝理論與批評》等文學理論界重要報刊，著名作家魏巍以「一個工人階級詩人的崛起」「希望更多的王學忠出現」為題兩次撰文評說，賀敬之則題詩「*從生活底層踏上精神主高地，為弱勢群體唱出時代壯歌*」讚譽，撰寫評論文章的詩人、評論家有中國大陸的、港台的、也有美國、德國、法國、瑞典等國的。

　　我出生在一個貧困的掏糞工人家庭，全家八口人，姊妹

六個，父母皆不識字，由於父親那點微薄的工資不能養活一家八口，母親便帶領我們姊妹幾個給一家火柴廠糊火柴盒，一天糊三晌，早晨、中午、晚上，在我的記憶裡去學校上學是業餘，糊盒才算主業。我大哥那時上小學五年級，是家中文化知識最高的。他不知從哪裡弄來一本《唐詩一百首》，每首詩都不太長，詩後有註釋，糊盒時大哥便將書裡的詩念給我們聽，我們一邊糊盒一邊跟著念、背。從那時起我便對這一有節奏感、好聽、易記的文學樣式有了特別的喜愛。十五歲上班後，每天在去上班時從字典上抄十個生字，休息時用樹枝在地上寫、記，每天十個，堅持不斷。再後來，我把每天抄十個生字改為每天抄一首詩在休息時背，天長日久，我的這一嗜好變成了每天用詩的形式寫一篇日記，記下當天給自己印象最深的一件事。

　　中國詩歌有著五千年的歷史，從詩經、楚辭、唐詩，再到「五四」以來的新詩，儘管形式上發生了一些變化，但詩的本質卻未變，也就是說最基本的抑揚頓挫的節奏感，琅琅上口的音樂美，好記、易懂的特點沒有變。當然，這只是詩的外形，另外詩還要有豐富的想像，廣闊、深厚的意境，對擬人、誇張、比興等修辭技法的靈活運用。通過這些年的寫詩實踐，我總結了一句話叫：「實加虛」，即詩中要有實有虛，虛虛實實，實實虛虛。如果只寫實，便乾巴無味，只寫虛，顯得空洞無物，實加虛才能使詩有耐人尋味的內涵和意境。再具體一點說，實就是人、物、敘事，虛就是矢，就是飽含激情的抒情。倘若抒情時能恰到好處地運用比喻、擬人、誇張等修辭技法，有的放矢，一種動人魂魄的空靈美便會驟然

生出。

　　「詩言志」、「詩是情感的迸發」，這是詩人的共識。登高望遠，或置身一個新的環境、感受一種新的事物，心中便會頓生一種強烈的情緒，那情緒像火花、像閃電、像浪濤猛烈地撞擊著你的心扉，讓你激動不已禁不住放喉吟誦，這就是詩歌產生的過程。一個新環境、一種新生活能讓詩人寫出詩，但要寫出大詩，寫出能夠引起一個時代人民共鳴的詩就不容易了。胡風說：「**要用真情實感反映自己所處的時代**」。屈原在遭到反動貴族集團打擊陷害，空懷一腔壯志時寫出了《離騷》；杜甫長期生活在民間，深刻瞭解那個時代勞動人民的苦難，寫出了〈三吏〉〈三別〉；白居易寫的詩，常常有一種自責，是因為他自己也身居高官卻不能救百姓於苦難，實現他的「兼濟之志」；陸游、辛棄疾、岳飛都是率領千軍萬馬廝殺疆場的將軍，因此才寫出了「**壯志饑餐胡虜肉／笑談渴飲匈奴血**」、「**笛裡誰知壯士心／沙天空照征人骨**」等壯懷激烈的詩句；近代詩人艾青，雖出身地主家庭，由於接受了馬克思主義的思想，寫出了與他們那個階級決裂的〈大堰河我的保姆〉；田間和陳輝都是一邊打仗一邊寫詩的戰士詩人，「**一個義勇軍／騎馬走過他的家鄉／他回來／敵人的頭／掛在鐵槍上**」「**也許吧／我的歌聲明天不幸停止／我的生命／被敵人撕碎／然而／我的血肉呵／他將／化作芬芳的花朵／開在你的路上**」這些詩是他們生命的寫照；牛漢寫出了〈巨大的根塊〉：「**灌木叢每年有半年的時光／只靠短禿禿的樹樁呼吸／它雖然感到憋悶和痛苦／但卻不甘心被悶死**」。從以上事例可以看出，詩產生於生活是勿容置疑的。然而，也並不是說有了生活就能寫出

很好的詩，還需要詩人平時語言的積累，用靈性的思維從生活中去發現、去捕捉。記得那一年我和妻子剛下崗，沒了先前賴以生存的工資，為了養活自己、老母和一雙兒女，在路邊擺了一個不足一平方米的地攤賣鞋，辛苦、勞累沒說的，還要忍受來自多方的欺凌，〈真的，那不是淚〉記錄了當時的境況和心境：「下崗後的境遇／如同一粒石子往下墜／黑咕隆咚的前景喲／砸到哪兒／都是滿鼻子灰／／別問累不累／忙碌了一天／抬不起來的是臂／挪不動的是腿／冷冰冰的雨珠砸在夢裡／遺落枕邊的是疲憊／／眼眶裡汩汩流淌的／是城管漢子聲若犬吠／辦事處老太太的冷眉／以及貴婦、闊少的傲慢／自個兒纖弱的脊背／／真的，那不是淚……」

　　詩產生於生活，只有全身心地投入其中，才能捕捉到詩意的美，寫出撼人魂魄的詩篇。艾青在《詩論》中寫了這樣一段話：「我們的身體是鐵，痛苦呀，疾病呀，不自由呀，不住地打擊在我們的身上，我們的詩就是鐵與鐵的撞擊所發出的鏗鏘……」他的這段話告訴我們，科學不是詩，各級政府的紅頭文件和政策、法規也不是詩，詩是我們的身體和大腦在社會實踐中的真實、本能反映。當然，詩有小情緒，也有大氣魄，躲在自我小天地裡的獨吟、孤芳自賞，是小情緒，跳入滾滾時代大潮中將自己的命運與國家民族的安危繫在一起的是大胸懷、大氣魄。就像一個人站在自家的房頂上往下看，看到的只是東家的雞鴨西家的鵝等一些平常事物，而登上山巔遠眺，看到的則是另一番景象了，千奇百態的峰巒，呼嘯奔騰的江河。沒下崗前，我在工廠上班，儘管也很累，但工資有保障，有了病，吃藥打針不用花錢，孩子進托兒所、

上學也基本免費。由於生活無憂，寫出的詩大多是童年的情趣，以及幻想中的美好未來。而下崗後由於生存境況的改變，詩裡的甜美便消失在殘酷的現實裡了。我在寫給劉章的信中有這樣一段話，那是我對詩歌一詞刻骨銘心的悟：「**寫詩即使用心寫也不行，要用血寫，用毫不掩飾的一腔真情去寫。**」真情不是別的，它是吃了黃蓮才知道的苦，被針紮過才理解的痛。為了養活自己和一家老小，一年三百六十五天，我和詩天天風裡來雨裡往，起早貪黑，餐風宿露，地攤前、飯桌旁、廁所裡，即使在騎自行車進貨的路上也是邊走邊想邊寫。詩是我生活的記錄，也是我血管裡奔湧的血，憋在肚子裡不吐不快的話。二〇〇一年末我把那些年寫的詩選一部分結集出版，取名《挑戰命運》。詩集出版後，我寄給了一些詩人老師和朋友。短短兩三年的時間裡，收到海內外詩人、詩評家和讀者的來信近千封，許多人在電話中一邊哭一邊說，說我的詩太感動人了，還給我取了好些好名：什麼「地攤詩人」「平民詩人」「草根詩人」「工人詩人」「工人階級詩人」「人民詩人」等等。二〇〇四年《挑戰命運》獲首屆河南「五四文藝獎」銀獎，詩集裡的詩歌〈中國民工〉獲次年紀念臧克家百年誕辰「雲門春杯」全國詩歌大賽一等獎。〈三輪車夫〉〈勞動者〉〈雪中白楊〉等詩被《世界華人詩存》《中國當代抒情短詩選》《仰望星空》等多種詩選集選入。從下崗到現在，我利用為生存而奔波的勞作之餘，寫了數千首詩，沒有一首是遵命而寫、為錢而寫，我詩寫我心。不怕惹了誰，也不擔心哪級領導不高興，是完完全全的情感抒發。

　　簡介：王學忠，詩人，二〇〇七年加入中國作家協會，出版詩集《未穿衣裳的年華》、《挑戰命運》、《雄性石》、《太陽不會流淚》、《我知道風兒朝哪個方向吹》等十二部，其中《王學忠短詩選》、《王學忠詩稿》、《王學忠詩歌鑒賞》等三部為中英文對照。結集出版評論專集《平民詩人王學忠》、《王學忠詩歌現象評論集》、《底層書寫與時代記錄 ── 王學忠詩歌研究論集》等三部，台灣著名作家陳福成於二〇一三年四月出版研究專集《當代中國平民詩人王學忠詩歌劄記》。

俄羅斯風情　教堂之美

一首啓開詩門的歌

路　痕

歌　風影

南方來的牧人
飲陽光而生的歌者
一隻羊啊一群牛

跨越時空遂成永恆
沙狂草黃塞外蒙塵
一隻羊啊一群牛

北方沒有溫暖，但你來
牧人　你來
一隻羊啊一群牛

流浪過每一方土地
陽光竟已根植你眸
一隻羊啊一群牛

只要你輕輕凝視
一切皆有光亮　　牧人
一隻羊啊一群牛

你歌、你處的地方就是陽光
我跟著你唱，在北方
一隻羊啊一群牛

　　平心而論，這並不是一首很出色的詩。與其說它是一首
詩，毋寧說它是一首歌來得恰當，而且是一首不折不扣的情
歌。如果我告訴你，作者是一個十四歲的鄒族小姑娘，你是
否覺得詫異呢？

　　是的，這是一九八〇年的事了。她是住在斜對面巷子內
的國中二年級小孩，整整一本筆記簿，寫滿了像這樣的詩。
由於妹妹的關係，這本私房詩集輾轉來到了我手上，當時我
十七歲，不懂得甚麼是「現代詩」。現在連她的名字也都不記
得了，可是這首詩是一把鑰匙，為我打開了詩之門！就連當
時取的筆名「露痕」也是深深受她的筆名「風影」影響。

　　是她把我帶到詩的世界，一隻羊啊一群牛，我成了其中
的一隻。如今已過了三十四個年頭，她仍是我詩精神的前導。
一次我整理舊物，從發黃的班刊上又找到了這首詩（我是班
刊的主編），真是如獲至寶。現在細細咀嚼，別有一番風味。

　　一隻羊啊一群牛，我不明白她為何為誰而寫，也不明白
為何牛有一群，羊卻只有一隻？但是第一次接觸「飲陽光而

生的歌者」、「陽光竟已根植你眸」這樣的句子，才知道陽光
可以「飲」、能「根植」在眸中。「只要你輕輕凝視，一切皆
有光亮」，「你歌、你處的地方就是陽光」，多麼真情的告白！
也許她就是那傾慕、跟從他的「唯一」的一隻羊。宗教的洗
禮，使她不知不覺的運用牛羊與牧者的比喻，雖然「一隻羊
啊一群牛」重複次數太多而有些呆板累贅，卻也加重了牛羊
在全詩中的份量，形成歌吟複沓的節奏。以一個國二的女生
而言，能寫出這樣的詩，已經非常難能可貴的了。

　　如今愛詩三十五年，我寫詩讀詩甚至幫人寫詩評推薦或
序文。自己也出版了十二本書了，心裡吟唱著「一隻羊呀，
一群牛」就像看到一個陽光暖暖的大草原上，一條羊腸小徑
上，有個國中二年級的小女孩，手拿著一根楊柳枝，口中唱
著山歌，依舊興高氣昂地趕著一群牛羊…

　　這個不知姓名的風影，成為我文學人生的導師，而我仍
在這條小徑上踽踽獨行著，偶爾也回頭審視自己，在泥濘或
堅石小路上，是否留下了幾許的路痕？

　　簡介：路痕，本名李茂坤，菲律賓 Adamson University
企管碩士，曾任興農雜誌社主編。台灣嘉義市人，曾參加菲
華文藝協會、現代詩社、萬象詩社。中國新詩學會、中國詩
歌藝術學會、台灣現代詩協會創始會員。出版《單音六節》、
《餘光盅》等詩集四本；科幻小說七本；情慾小說集一本（與
艾姬合著）。舉辦過個人畫展四次。

詩是我的「還娘乳」

王　壟

　　從十六歲開始自學詩歌寫作，十八歲發表處女作，十九歲走進中國作家協會《詩刊》大門，直至今天已公開發表數百萬字純文學作品、出版各類文學專著十餘部、獲全國各級文學獎多項。回顧我的文學之路，不禁讓人感慨萬千。

　　我於一九六八年農曆一月出生在江蘇裡下河地區柳堡鄉鄭渡村一個叫做後舍的小村莊。後舍本是漁村，從前叫侉兒舍，因為先民多以種藕打魚為生，日子過得侉裡侉氣，所以得了個很土的名字。我在後舍讀完了小學，最早接觸了小人書、舊小說，對所謂的文學有了朦朧的興趣，鄉親們口口相傳的那些民間故事、民歌民謠以及神仙鬼怪方面的傳說，無一不給我語文方面的滋養。我彷彿天生就是寫作的料子，從一開始學校開設的作文課，我就立馬顯示出這方面獨有的天賦，可以毫不誇張地說，學生時代我寫的每一篇作文都是「優秀」的。每一節作文課上，被老師當作「範文」朗讀給同學們欣賞、學習，毫無疑問都出自我稚氣未脫卻又顯得才華橫溢的筆下。

　　我對詩歌的愛好萌發於初中時代，到了高中階段，那種

熱情幾乎到了癡迷的程度。我也算正式跨入了「文學青年」的隊伍，並在一定範圍內有了小小的名氣，甚至還有相當一批追隨者、崇拜者，用現在的話講就是「粉絲」。那個年代，也正是詩歌和詩人瘋長的年代。我像無數至今仍活躍於中國詩壇的那些當年的中學生校園詩歌兄弟姐妹一樣，試圖將那些來自於天性無曲處的詩句，當成接通鄉土與田壟的光線。我相信所有展示出鄉土的詩意，會使每一個農家的孩子以及所有對鄉土愛得深沉的人，感到明淨或純真的親切與溫暖。在這至真至愛、無始無終的追求裡，我也曾有失敗蜂湧而至，也曾有過成功的喜悅感天動地。我拼命地寫作，拼命地投稿，完全忘卻了「考大學」、「跳農門」才是自己的本分。十八歲那年，我第一次把自己的名字變成了鉛字 ── 那個年代，似乎所有的人都對「鉛字」有一種莫名的崇拜，估計現在和將來再也不會出現那樣的現象。也正是那一年，我發起成立了蘇中裡下河地區首家青年文學社團 ── 柳堡詩社，並開始裝模作樣地主編《野灘詩報》。全國著名作家、小說〈柳堡的故事〉作者胡石言和時任南京市文聯秘書長的寶應籍詩人馮亦同，應邀擔任我們的名譽社長兼顧問，並欣然為我們題寫了社名、刊名。胡石言老師還多次寫信給我，勉勵我堅持學習和創作。他在給我的信中寫道：「詩歌是最富人民性的，不但思想感情應該從人民心靈中提煉，藝術形式也應該從人民愛好的民歌和人民語言中創造。老實說，我認為中國目前還沒有自己的新詩，中國的新詩還未脫離翻譯詩、舶來品的窠臼。現代中國老百姓的話語，如何提煉創造成中國的新詩歌，一直未解決。詩歌而不能萬口傳誦，長久記憶，就不是真正的

詩歌，就不能對人民的精神世界發生深刻久遠的影響。」馮亦同老師推薦發表了我的詩作〈給故鄉〉等，並評價說：「很容易為詩中跳動著的這個時代脈搏和少年人可貴的鄉情所感動……」兩位老師對我這位文學後生給予了莫大的鞭策、無限的教誨，其中最難能可貴的是他們不約而同地勉勵我紮根鄉土，為家鄉柳堡而寫作。正是在他們的鼓勵之下，我才能在起初就找準了自己創作的方向，或者叫留住了文學的「根」，── 那就是視鄉土為自己文學中的親娘，一輩子為她歡呼和歌唱。我想，一個人的衣胞之地似乎是命中註定的，這是自己的根，是無從選擇無法忘卻的情緣。有一首歌叫「把根留住」，唱出了這份情緣的揪心，無論「根」上生長的是幸運還是痛苦，是愛還是恨，「根」總會纏繞著你，天涯海角，天長地久。這可以說是生活的一種侷限，也是一份恩賜。我是極珍視這份情緣的，我註定要在我的作品中「把根留住」，努力為「根」而寫作。

那些年月註定成為我記憶深處一條奔騰不息的河流。因為詩歌，全國各地校園的陌生詩友都無一例外地成為兄弟姐妹。我還陸續認識了江熙（江小魚）、馬蕭蕭、薑紅偉、毛夢溪、郁舟、湯松坡、趙希臣、甘帥、景旭峰、吳茂盛、段華、小海、他他、周勁松、張華夏、左靖、夏季風、邱華棟、洪燭、歐甯、蘇婷、雷霆、李作明、邵風華、馮楨炯、郝建榮、陳東、劉曉瑜、杜欣、羅廣才、梅林、錢麗芳、華吉、夏雨清等等。用周瑟瑟兄弟的話說：「這些閃爍著青春光澤的名字，在我眼裡永遠只有十八歲，哪怕我們六十歲、七十歲了，我們都是青春年少的兄弟姐妹，因為我們曾經為了鮮

嫩的詩歌，為了文學夢想，為了不屈的對未來世界的渴望，我們在貧窮而激情不息的八十年代奮鬥過，一起走過了那段偉大的時光。」那時的詩歌給了我無窮的力量，我知道那種力量那種博大的力量也來自於鄉土和對鄉土的愛。

有人說「凡是擁有的東西，人們都不懂珍惜」。而我對生我養我的柳堡、後舍卻有著一種近乎偏執的愛，她們是我取之不盡的創作源泉，為此，我也創作並發表了大量的詩歌和散文。我依賴鄉土成長，「鄉土與我的生命特別是寫作的情緒有著極為密切的關係，以至於很久後每當聽到那些熟悉的口音或者民謠時，我的心中自然就會有一種情緒，像水鄉的霧一樣濃重地從記憶深處嫋嫋地升起，使我情不自禁地陷入到一片美麗的回憶之中。」

一九九二年金秋十月，家鄉舉辦了一屆「柳堡詩會」。詩會期間，我有幸陪同石言、馮亦同、黃東成等作家、詩人參觀訪問。說到鄉土題材的創作，石言老師給我講了一則相當煽情的國外風俗故事：在馬達加斯加的班爾谷來德島上居住著古老的葡拉族，在村子裡，人們經常可以看到一些年輕的女子跪在母親的跟前，讓躺在榻上親娘吮吸自己的初乳。這些年輕的女子，都是剛剛生下頭胎嬰兒的新媽媽，按照當地傳統習俗，她們必須在嬰兒吃奶之前，將平生第一滴甘甜的乳汁，親自餵給自己的娘親，叫作「還娘乳」，意思是要感謝母親對自己的哺育之情、養育之恩！

石言老師的故事，讓我在一路上沉思了許久。我知道，這個故事裡所包含的深刻含義，我更懂得石言老師對我講這個故事的良苦用心。是啊，鄉土是我們誕生的搖籃，她就像

我們偉大的母親，給了我們童年的記憶，是我們永恆的精神故鄉和家園。古今中外的歷史證明，鄉土就像是一個博大而充滿愛的母體孕育了無數優秀的作家和他們經典的作品。古人云：「雛既壯而能飛兮，乃銜食而反哺」。作家賈平凹也曾說：「我的出身和我的生存環境，決定了我的平民地位和寫作的民間視角，關懷和憂患時下的鄉土是我的天職。」一個著名的作家尚且保持這樣的鄉土情結，作為一個初學者，我更應該把鄉土當作自己的母親，時刻不忘以文字的營養反哺鄉土。

記得在鄉下教書時，曾和學生一起分析這樣的一句話：「一個人即使改了國籍，也不能改變對故土的感情。」故土是我們的母親，母親的恩情是一輩子還不完的，就讓我把詩歌中的乳汁還給母親吧，願我們的鄉土永遠是「一個可以擱放夢想的村莊」。

簡介：王壐，男，筆名阿甿。一九六八年元月生。中國作家協會會員、中國詩歌學會會員、寶應作家協會副主席。現居揚州寶應，係某媒體網絡部主任。曾在《詩刊》、《詩歌月刊》、《星星詩刊》、《揚子江詩刊》、《詩林》、《詩選刊》、《上海詩人》、美國《常青藤》詩刊等發表作品，獲全國多項獎勵，並選入《中國新詩人成名作選》、《中國當代詩人代表作》、《中國詩歌年選》等，著有詩或散文集《紅雨》、《沒有開始》、《我從壐上走過》、《因為柳堡》、《夢中蝴蝶飛》、《五個人的天堂》、《還娘乳》、《王壐雙年詩選》系列、《生命左中右》等十多部。

我的夢想之旅

沈珈如

　　周日，整理一些舊物，有發黃的草稿紙，已經變了顏色的舊照片，塑膠封皮的筆記本。最好玩的，居然還找出一本特約記者證，上面蓋著某某報社的紅色公章，都是上世紀八〇年代中期的產物，那時候我正瘋狂地迷戀著文學。

　　「她坐在院子裡，看著灰濛濛的天空想心事……」草稿紙上的筆跡歪歪扭扭，藍色的鋼筆字，雖然很多年過去了，不過還比較清晰。這是我當年練習寫作的本子，很粗糙的紙，自己裝釘的。我記不清寫過多少這樣廢稿，反正到現在，這樣的草稿紙還有厚厚一大疊。

　　翻開筆記本，裡面抄摘了很多名人名言，似乎是那些年流行的。在第一頁，有我寫下的一句話：「**我是一個平凡的人，但我不願在庸俗中度過一生**」。

　　這是一個十四歲少女的「豪言壯語」。

　　何為平凡？又何為庸俗？恐怕在寫下這句話時，並不是很清楚，大概是看村中的那些女人們過著平常日子，除了生孩子、養孩子，就是田頭勞作，一年到頭忙忙碌碌，然後就

是等孩子長大，自己老去，就以為是庸俗了。為了不再重複
父輩們的生活模式，那就要想辦法離開農村。可又如何離開
呢？農村的孩子要改變命運，在那個時代背景下，只有一條
路，就是讀書考出去，把戶口遷到城裡，就是榮耀的大事了。
可造化弄人，我沒有擠上那趟車。

　　現實是殘酷的，既然離開了學校，我家又是非工非農戶，
沒有田地可種，呆在家裡吃閒飯肯定是不行的，剛好鄉里要
招工，我就報名去參加了筆試。還不錯，考了第一名。本來
可以去鄉政府工作，結果被人開了後門，讓我到一家砂輪廠
上班。我不喜歡，覺得那是男人幹的活。後來就到鄉里的一
家紡織廠，成了一名三班制的紡織女工，那一年我才虛齡十
七歲。按常規的節奏，工作幾年，然後找個男人，到時候就
結婚生子，過平淡日子。

　　不知道是不是因為中文學的「毒」太深了，總覺得那種
一眼可以望到頭的日子不是自己想過的，心中的夢想在現實
面前不但沒有破滅，反而牢牢生了根，「**我要成為一個作家**」，
這個念頭在夜深人靜時異常清晰。至於作家夢是怎麼產生
的，又可以另寫一篇文章了。不過，我想這跟從小聽母親講
那些演義故事，聽廣播走書，上學時特別喜歡寫作文，想像
力豐富以及成長環境等有關吧！

　　就這樣，我一邊在隆隆的機器面前埋頭苦幹，一邊做著
瑰麗的作家夢。雖說心裡藏著這麼遠大的目標，但在工作上
還是極務實的。因為出色，我從一個普通的擋車工人升為車
間的管理人員，有了一間小小的辦公室，雖然依然是三班制，
但不用時時在機器面前站著了，只要隔段時間去巡視一下車

間情況，檢查產品品質就可以了。我就有條件開始「不務正業」，特別是上夜班，抽時間看書、練筆，在小辦公室牆上貼滿一張張寫著詩的白紙，沒有老師，也不知道找誰交流，更不清楚怎麼投稿，完全處於自娛自樂階段。

也許是想自己證明不是平庸之輩，所以任何事，要麼不做，做了就想做好，這樣也就很容易在同齡人當中脫穎而出。這或許就是有夢想和沒有夢想的區別吧！工作幾年，我成為鄉里最年輕的鄉民人大代表，入黨積極分子。按那個節奏，如果堅持下去，走仕途似也有可能。但這些不是我夢想的東西，於是就在某一天果斷捨棄了。

上世紀九〇年代初，我離開了農村，走向城市，重新找了一份工作，只想離心中的夢想近一點，再近一點。不管怎麼說，城裡的條件比農村要好得多，以前不要說買書，就是借本書看也不容易。在城裡工作後，走進新華書店，感覺自己的眼睛都要變綠了。

為了追尋夢想，我再一次放棄了穩定的工作，獨自揹起行囊遠走他鄉。所謂性格決定命運，由我，則是夢想決定命運。我知道，這條尋夢的路，一旦踏上，不管有多艱難，我都要堅持下去。在異鄉的八年時間裡，我開闊了視野，經歷了人生的風雨滄桑，也迎來了自己的創作豐收期，不知不覺中，曾經遙不可及的作家夢變成了現實。第一次捧著散發油墨清香的作品集，內心充滿了激動和欣喜。

現在回過頭來審視自己走過的路，人生就是這麼玄妙。倘若當年我去鄉政府工作，恐怕後來不會走上寫作的路。假如我沒有離開紡織廠，對政治感點興趣，那麼，現在又是怎

樣的光景？誰也說不清楚。不過有一點可以肯定，那結果肯定不是我最初想要的。又如果我沒有去異鄉為文學打工的經歷，我的人生章節又是別的內容了。

　　人到中年的我，再看當年寫下的「豪言壯語」，不禁一笑。人生最本真的滋味，就是白開水啊，而我竟然想著要天天激情燃燒。當然，現在的我依然心懷夢想，那就是寫一部經得起逝水流年淘洗的好作品。我知道，這不是一件容易的事，但不管怎麼，只要有夢想就好，萬一實現了呢？

　　簡介：沈珂如，筆名天涯，浙江寧波人，中國作家協會會員，自由撰稿人。已出版散文詩集《無題的戀歌》、《再見鍾情》、《只為你開花的樹》、《藍的情人》，長篇小說《夜半殘夢》、《無色冷唇》、《再愛》、《陌上花》，詩集《今生有約》，散文隨筆集《恣意天涯》。另有短篇小說、報告文學等多種。作品曾入選高中語文讀本。

愛是創作的原動力

林　之

　　我的「文學經歷」應是始於少女時代，若是從我十七歲在《青島文學》（當時叫《海鷗》）發表處女組詩〈繡鞋墊〉算起，到如今已整整三十多年了。雖然這三十多年中，有二十年我開了小差，下海經商去了。其間，幾乎很少閱讀有關文學的書，當然更不用說寫了。而二十年的小差似乎也開得太長了，長得似乎找不到回頭的路了，長得好像一去不復返了。但我卻知道，二十年來，我的人雖然一直在商場打滾，但對文學的初衷一點也沒變，對文學的那份惦念也一刻沒有停止。我始終記得當初與文學淚別的一幕。我說，你好好地在這兒等著我，等我掙了錢，有了經濟基礎，一定再回來找你。

　　所以，當二〇〇〇年春，我把做得正火紅的生意交給了小弟，拖著一只皮箱去了中國文學的最高殿堂北京魯院文學院學習，所有人都對這種華麗轉身不解，只有我一路都在為自己的終於回歸，心如小鹿亂撞般歡欣。

　　總是緣於愛。因為愛，你願意為她受苦受累受屈受罪；因為愛，你無怨無悔；因為愛，你快樂幸福。

愛，應是我創作的原動力。

我小時候是個榆木疙瘩一樣的笨人，我母親說我是屬豬的，只有一個心眼，只知一條道路往前拱。不瞭解的人總不信，說你不論幹什麼，務農、做工、經商、寫作、做兒女子媳妻母朋友，都那麼成功，出第一本書就獲了獎，到哪裡去找這樣的笨人？可是我說的卻是實話。我想過，我之所以以中等之才取得上等之才所能取得的成績，正是得益於這一個「笨」字。因為知道自己是一個只有一個心眼的笨人，知道笨人沒有聰明人八面玲瓏的本事，笨人只能在一段時間、老老實實幹一件事情。所以，在確定一個目標之後，便一心一意照直走，從不左顧右盼。比如當我在做業務員推銷螢石時，只朝著冒白煙的水泥廠走；當我在做煙炭生意時，只朝冒黑煙的鍋爐去。路上聽到誰誰倒鋼材發了橫財、誰誰買彩票一夜暴富連眉毛也不動一動。傳銷的發財風把所有人，包括我母親這樣的老太太都刮得坐不住了，我卻聞風不起。我堅信天上不會掉餡餅，即使掉也絕對不會掉在我頭上。

對於寫作也是一樣，寫《遠方》一書的日子裡，我每天的生活就是沖一杯咖啡去電腦前坐著，寫出坐那兒，寫不出也坐那兒；頸椎坐硬了彎了坐那兒，眼睛坐花了充血了也坐那兒；你罵我「作家」我坐那兒，你說我「犯神經」我還坐那兒。常常一天到晚不說話，常常一星期不下樓，無論外邊的世界多麼喧鬧，多麼流光溢彩，都不能把我的視線從《遠方》引開。

真愛，總須心無旁騖的篤定。

二〇〇七年六月，我花了若干心血和若干銀兩的《遠方》

一書出版了，因為是第一本書，就像第一個孩子一樣新鮮重視。於是，又破費了一些為她舉辦了隆重的首發式。如此大動干戈之後，總有人問我賺了多少，我實話實說沒賺錢反而倒貼了，可總沒人相信問道：「那妳是為了什麼？」

我若說，只是因為愛，而愛，是不求回報的。不僅沒人信，還得說我酸。所以，人逢問，我一律作答：「只因我喜歡」。

有什麼辦法，前人不是說了嗎：世上只有兩條船，不為利來，則為名往，你非得再撐出第三條愛之舟，無怪乎人家不信了。

可是，我卻真真實實地想說，從二十歲到四十歲的二十年打拼，我就是為了文學，就是為了有一天，能衣食無憂地和文學一起廝磨。每天讀讀自己想讀的書，寫寫自己想寫的字，過一種悠閒詩意、自由自在的生活。而這種理想生活目標的確立與實現，正是緣於文學的靈動，正是文學給我的信念、支撐與動力啊！

這，難道不是文學給我最大的回報和恩惠？

去年，快過年了，有朋友告訴我《遠方》一書獲獎了，獲得了「山東省五一文化獎」散文類一等獎。我意外，又不很意外。意外是因為我從來就沒有想過諸如此類的事情，不意外是我覺得現在像我這樣費心費力，認認真真做傻事的人一定很少了，所以，獎狀也就歸我了。

不管怎樣，再有人詰問賺錢之類的事，我似可以拿出來搪塞一番。

　　簡介：林之，本名張秀芳，現居山東青島，曾做過工，經過商，最喜歡的兩件事：旅行與寫作。已出版《遠方》、《帶你回家》等散文集。著作曾獲山東省「五一文化獎」、「泰山文藝獎」等。另與人合作拍攝有電視文藝專題片「俺娘和俺娘」等多部。2014 年成立「林之工作室」，拍攝系列紀錄片《我的鄉里鄉親》，獲當年度「最美青島微電影大獎賽」最佳編劇、最佳攝影和作品二等獎。

俄羅斯風情　毀損的大鐘

用文學的暖色塗改黯淡的日子

幽　蘭

　　文學，是我二十多年在人生路上取暖的火，是行走的精神拐杖。我在自己的新浪博客寫下這樣一段話：文學，是我前行的一個伴侶，每一個筆劃都懂我，它聆聽我靈魂的吟唱！它觸摸我多情善感的心房！它接納我的喜怒哀樂！它和我一起面對生活堅硬的殼！在命運凹凸不平的小路，我們約好一生相伴！

　　早在一九九〇年，我的先生就患上了難治之症（二〇一二年年初病逝），二〇〇〇年隨著病情加重，喪失了工作能力，辦了病退。這麼多年，我既要工作，又要照顧女兒、伺候先生，家裡家外所有的重擔都壓在我柔弱的肩上。我是軍人的女兒，秉承了父母的堅韌，沒有被磨難壓垮，頑強地支撐著這個家。不僅將工作和家務打理的井井有條，幾乎年年被評為先進工作者和先進個人。

　　先生幾乎每年都要住院二、三次，近年幾乎全部在醫院度過。弱小的我，因勞累過度做過腰椎大手術，很多重活力

不從心，累極苦極時，也曾經偷偷哭過，但很快便調整好心態。我知道，命運不相信眼淚，既然現實已殘忍地擺在面前，只有堅強面對。哭著走也是走，笑著走也是走，那麼何不微笑著上路呢？為了尋找抵禦磨難的精神支柱，我走向了文學創作之路。靠近文學的港灣，溫暖蒼涼的身心！白天，付出比常人辛苦百倍的精力，應對各種工作和家務瑣事。只有晚上，才能安靜下來寫自己的文字。在醫院看護先生，也會帶著筆和紙，忙中偷閒地寫上幾句。書，當然也是不離身的，在候車以及買東西排隊時讀。因為沒有充足的時間寫作讀書，只能見縫插針，我家的鍋不知燒壞了幾個，靈感泉湧時，常常忘了灶台上正在做著飯。

　　二十多年間，我以不離不棄的堅忍，以至真至純至善的品性守護照顧著病重的丈夫。為了冰清玉潔的做人，寧願讓無情的歲月慢慢剝蝕美妙的青春，甘願做一個夜的守望者，獨自品嚐一杯寂寞和清苦浸泡的苦酒。這麼多年，救贖自己的唯一途徑就是文學。在磨難的路上，堅持與命運抗爭，心靈的小路有了陪伴者，精神有了棲息的港灣，用文學蔥綠著自己的心情。不知內情的人，絕對看不出我生活中遭受巨大的磨難，我的笑容是陽光的，性格是開朗的，整個人洋溢著蓬勃的朝氣。我始終認為，這都是文學滋養的結果。

　　有一位偉人曾說過：人是需要一點精神寄託的。的確，人生的成敗往往就在於堅持與放棄之間，能夠堅持，頑強地與命運抗爭，就會看到勝利的曙光，就會重新蔥綠失意的日子。如果失去生活的勇氣，精神滑坡，便會與美好的嚮往失之交臂。

　　我堅持在磨難的路上寄情於文學，用文字記錄自己如何與歲月風雨搏鬥，如何回放心旅歷程，又如何袒露內心的喜怒哀樂。再忙再累，也不讓一日無文學。由於積累了較扎實的文學功底，所以早在一九九三年，在河北省唐山市舉辦的「金復回」杯散文大賽中，在兩千多篇參賽作品中，我的散文〈神交〉脫穎而出，榮獲三等獎。參加了頒獎大會並代表獲獎者發言。

　　多年來，我在文學的路上執著地跋涉著，不管多忙多累也沒有遠離它。用自己的勤奮勞動換來了碩果累累。目前已是：中國散文家協會會員、中國微型詩協會會員、微型詩家、河北省唐山市作家協會會員。安徽淮南市峽石詩詞學會會員、《青年文學》特約記者。多年來在海內外四十多家報刊發表散文、隨筆、詩歌、雜文、報告文學等。詩歌、散文被選入多種文集。散文〈寫給我的「情人」〉獲澳洲彩虹鸚國際作家筆會晉級菊花獎。著有《蘭香悠悠》散文集，微型詩詩集《蘭韻清影》。撰寫和參與編輯全國電力勞模史《永放光茫》上下集，與人合著《說文解字話人生》第三卷。

　　有位散文作家曾這樣說過：要想寫好詩、習好文，就必須在頭腦中樹立一個「文學意識」，必須讓一雙眼睛一時也不能閒著，讓心一刻也不要打盹，那就是望山想山，看水思水，不放過對一草一木的觀察，哪怕過馬路，等車也要看一看周邊的事物是否可以觸發靈感。自己之所以總有寫不完的題材，我想可能也正是與作家說的這個文學意識有關。我把照顧先生住院的點滴間隙，炒菜做飯的片段功夫都用在構思了。因多年來勞累過度導致第五腰椎滑脫作了大手術，被禁

錮病床上百餘天，在翻身都需要別人幫忙的情況下，硬是仰臥著將紙夾在木板上堅持寫作，臥床期間有多篇作品發表。市報編輯為我的精神所感動，還專門捧著鮮花來看望我。

　　我曾在一篇散文中感言：「只要肯用善意的眼光觀察周圍，甚至在買菜、在逛街遊玩中、在與人交談中，如果你留心，會發現身邊的人和事有很多感人的細節。具有一雙發現美的眼睛，視線就會將生活中的瑣事，一個小環一個小環穿起來，一副文字的花環佩戴在春天的脖頸，你會發現，原來文字不僅僅是文字！」是的，文字不僅僅是文字，有時候，它是精神的支柱，是醫病的良藥。

　　作為一個命運多舛的女子，我學會了在磨難面前拭去眼中的淚花，從容地揮灑文字，為自己的生命打扮梳妝。儘管老天不公，命運一而再，再而三的把諸多磨難壓在我柔弱的肩上，但文字賦予我的精神力量足以戰勝這些磨難。

　　我在二〇〇九年四月份出版的散文集《蘭香悠悠》後記中有這樣一段話：「面對這本二十四萬多字的《蘭香悠悠》，請允許我躬下身，施以重禮，並虔誠地說一聲：文學，我的知音，謝謝你十多年與我風雨同舟，感動你這根真誠的拐杖始終攙扶我一路前行。」在文學的路上，結交了很多志同道合的文友，她們為我的《蘭香悠悠》寫了多篇情真意切的賞評文章。

　　如果說最初走上文學創作之路，是為了轉移和解脫一種痛苦而放飛心靈風箏的話，而至今依然深深癡戀文學，就不僅僅是熱愛了，而是作為心靈依託，精神的歸屬，和人生伴侶相攜而行了。正是日子中的磨難，才使我和文學相遇、相

知，找到了最適合自己的契合點。自己不僅溫情地觸摸生活中微小的浪花，而且在時代大潮中，常常以大的角度為切入口，隨著時代的脈搏激揚文字，適時弘揚祖國的風貌和謳歌時代精神！

在二〇〇八年五月十二日汶川大地震災難發生後，我以一個詩人的責任感，將筆鋒指向現實和生活，寫了一系列組詩，讚美一方有難，八方支援全民全軍大合作精神，讚美汶川災區人民勇敢面對現實，不向困難低頭，重建家園的感天動地的事蹟。這一系列組詩曾在中國最大的網站「紅袖添香」論壇和多家報刊發表。其中描寫汶川地震的現代詩歌〈我的筆不再滯澀〉組詩，發表在當年第六期《山東文學》，引起了較大反響。二〇一四年八月三日雲南魯甸發生六點五級地震時，我牽掛災區人民和讚美地震一線武警官兵和子弟兵的詩歌〈一個沉重的日子〉等，在湖北《蒲陽花》雜誌發表，受到一致好評。

「獨上高樓，望盡天涯路」，「衣帶漸寬終不悔，為伊消得人憔悴」，自己堅信，隨著生活閱歷的不斷豐富，創作思路的不斷拓寬，在寫好親情、生活系列散文的同時，會更廣泛涉足人生社會各個領域，使作品更加大氣而厚重、開闊而有蘊含。並堅信自己能借助於文字的亮色塗改黯淡的日子，更加從容的面對人生風雨，飽蘸人生情感的濃墨，描繪詩意人生，為讀者奉獻出更精美的心靈華章。

2014 年 11 月寄至河北唐山市

　　簡介：幽蘭，女，本名闞力萍，中國散文家協會會員，河北作協會員，散文、詩歌多次獲獎。著有散文集《蘭香悠悠》，微型詩詩集《蘭韻清影》。參與撰寫和編輯全國電力勞模史《永放光芒》上、下集。與人合著《說文解字話人生》第三卷（待出版）。

重慶風情　天坑瀑布

踏遍千山，詩景最好

蔣文君

「我見詩山多冶豔，詩山見我應亦然。」眾裡尋芳，驀然回首，花嬌此嵐，相視一笑：世間景致，獨詩最美；破譯天籟，惟詩臻妙。

「他山之石，可以攻玉。」第一次與詩結緣，媽媽給我看梁實秋先生的大作，內有菁清女士上海灘時為「雅霜」做廣告的玉照：幽妍清倩，婉孌嫵媚，驚為天人。其文珠圓玉潤，琳琅滿目，蔚然深秀。心嚮往之，鼓勵我寫出處女作〈江南女子〉，發表於台灣《葡萄園》詩刊。

從此，一發不可收拾，詩就如：

諾亞方舟

荊棘密佈　　懸崖峭壁
雲煙寂寥　　霧靄陰鬱

詩　像諾亞方舟輕輕地柔柔地
把溺水的我從汪洋救起

我擦去涔涔冷汗　心曠神怡

藍天像母親的慈懷寬宏大量
白雲像父親的思緒自由奔放
陽光像戀人的愛情溫馨倜儻
海鷗像兒時的志向振翼高翔

粉紅珊瑚伸出友好擁抱的手臂
斑斕貝殼閃爍殷勤熱烈的致意
我躺在柔軟細膩的沙灘上
呼吸著海風新鮮的氣息
傾聽著海潮浪花的蜜語
像個嬰兒　歡快嬉戲　無憂無慮

潔白耀眼的雲帆
映照著羲和烘日的輝煌
啟航帶我到朝思暮想的遠方
桃花源　烏托邦
人人相親相愛　生活甜美芬芳
與日月星辰同輝恆久
和大地自然共生齊壽
真愛永存　大愛無疆

　　當我置身紛擾俗世的喧嚷，繆斯女神翩然而至，獨闢蹊
徑，為我打開一扇天窗：我像閩越樵夫，追白鹿，入石門，

做客避秦村；臨行，只帶走一枝石榴花，花香縈繞筆端，詩
趣盎然……

　　「詩山有路勤為徑，踏遍千山更青蔥。」為首次參加「華
夏情」全國詩文書畫大賽，我寄詩：

團　圓

我沒去過阿里山
可我知道阿里山的姑娘
笑靨比澗水甘甜

我沒去過日月潭
可我知道日月潭的明眸
映著含淚的蒼天

我沒去過陽明山
可我知道陽明山的風光
和中華造化致良知的血脈淵源

我沒有去過台北故宮博物院
可我知到富春山居圖拼接海峽兩岸
齊綻炎黃子孫悠久文明的璀璨

我沒有去過台灣
今大三通已經實現
可我已去過台灣

很久很久以前
它就在我摯愛的心田
跳躍著「團團圓圓」

啊
手足連根親情愛意彩雲歸
風雨同舟遙相思念一水間

爸爸看畢笑說：「如是一等獎，我就讓妳去北京。」

因我一個單身女子，出門在外，常遇騷擾，爸爸總不放心。

我說：「一言為定！」

結果終於公佈，〈團圓〉獲二等獎，華夏博學國際文化交流中心來函，邀請我赴北京釣魚台領獎。

我遺憾說：「去不成了！」

爸爸安慰我：「評獎是見仁見智的問題！」

但我從此堅定了鐵硯磨成穿的決心。多少次為查一個典故，「書到用時方恨少」；多少次為捕捉一閃朦朧的意象，探頤索隱，鉤深致遠，冥思苦想；多少次靈感忽至，披衣而起，從星星點燈寫到東方欲曉……

「山重水復疑無路，柳暗花明又一村。」詩化的想像縱橫捭闔，恣意馳騁，天馬行空：我時而化身「人比黃花瘦」的李清照，尋尋覓覓；時而化身「嬌癡不怕人猜」的朱淑真，燈節私會；我與蘇小小西冷聽春雨，我與顧太清雪夜彈琵琶；她們是我靈魂的知音，情思的穿越……我和李商隱談一場「衣

帶無情有寬窄，春烟自碧秋山白」的戀愛，我和柳永有一回
「未嘗好負，寸心雙眼」的艷遇，我和納蘭客若過一個「好
在軟綃紅淚積，漏痕斜倚菱絲碧」的浪漫：只因我們都有一
顆「素心花對素心人」的詩心！我改寫垓下之戰，項羽和虞
姬不離不分；我說服封建婆婆，陸游和唐婉百年好合；我變
成月下老人，寶玉和黛玉喜結連理……

　　詩啊，就成為我眉心點綴的真善美的朱砂痣；我頰上薰
染的書卷氣的荳蔻紅；我唇間輕吐的櫻桃口的繞樑音。吟詠
唱和中，我抒發黃鐘大呂譜新聲的古典韻；詩山詞海裡，我
做過五光十色數不清的中國夢……

　　詩歌為我彰道義，我因詩緣一生痴！

　　「不畏詩雲遮望眼，只因身在最高峰。」二十年的蓽路
藍縷，我從「妝罷低聲問夫婿，畫眉深淺入時無？」「未諳姑
食性，先遣小姑嘗」順應時勢，炮製詩科的新嫁娘，成長為
立志在詩藝百花苑裡，歡喜開出的一枝流光溢彩的靈芝，亭
亭玉立，唯美至上，極至而清，正史留芳。

　　簡介：蔣文君，現居山東棗莊，單純質樸，天真爛漫，
充滿古典氣質的小女子。有中英文詩歌作品百餘篇發表於海
內外各大詩、報刊。曾以「姬嫣」為筆名，出版《戴蝴蝶結
的姑娘》長篇小說集。

詩憶夢迴情更濃

子　青

　　千禧年，在詩藝文出版社發行人賴益成先生的協助下，出版了個人生命中的第一本詩集《站在時間的年輪上》，這對於正值青年的我而言，是一個莫大的鼓勵和突破。也因著這一本詩集的誕生，開展了以子青為筆名在詩壇接受諸多賢哲調教提攜的濫觴。回首來時路，心中仍然激動與充滿感謝。

　　就讀省中的時候，日式紅樓建築的窗櫺曾是我年少心情的寄託，當自己被老師的授課聲驅逐於藍天時，它是我安全降落的夢境。每有感受體會總在腦海中迴盪，無法排解的青春思緒纏繞心懷，自我或有溺斃於現實的可能，唯一的出口便是在筆記本的角落裡寫住自己的生命，無畏聯考怪獸的要脅，堅持我的文學夢。

　　大學讀了中文系，絕妙的契合讓我浸淫陶醉於藝文的搖籃四年之久，感謝師長與同儕的教導與砥礪，讓我胸膛裡滿是奇怪的問號想法得以紓解，以古典的詩詞文章解析困頓的心靈，以現代的詩文藝術充實空虛的孤獨。寫了這輩子第一次的唐詩宋詞，更要緊的是在校湖邊撰寫了生平第一首正式

的現代詩，這在以傳統為主流的科系裡實屬難得，將它發表在系刊，內容是好友轉讀法商的心情。

　　開始了教書的工作，現實與理想的拉鋸感覺相當複雜。總不甘心於教科書的囈語，常常有飛奔的想法。為解此心，所以重拾寫作之筆在課餘替自己書寫生命的點滴，單純的動機卻也發而為投稿的勇氣，在報刊上陸續發表的作品，讓自己的心情有了暫時的安頓。

　　詩量既已達書稿之需，心想何不出書與同好分享，於是整理後抱著縹緲的期待遠寄給北部的益成兄。豈料不久即獲得回應，而且是肯定出版的訊息，當時帶領學生在台北班遊的我一時難掩喜悅，不擅歌唱的我竟在車上高歌，著實讓那群寶貝學生驚呆了一下。

　　由於益成兄的愛護，以及《葡萄園詩刊》主編台客先生的提攜，不僅幸運地受邀成為《葡萄園詩社》的一員，更以《站在時間的年輪上》這一本詩集，獲頒二○○三年中華民國新詩學會優秀青年詩人獎。印象極深的是在中山堂領獎時，鄰座是名詩人蕭蕭（獲頒詩運獎），當天頒獎給我的是《秋水》主編涂靜怡女士。偌大的中山堂詩人齊聚真是盛況，這叫初踏詩壇的小伙子心中不免忐忑。

　　為不辜負前輩們的提攜，因此更加努力於創作。其間文曉村前輩、靜怡大姊、謝輝煌先生、田惠剛教授等前輩不吝指教，金筑社長、台客主編、麥穗前輩、綠蒂理事長等長輩也時常給予勉勵。讓詩藝尚需成長的我有了最大的支持，在這一條漫長的詩路上，走來非但不寂寞，甚且有了更多的勇氣和信心。

　　給予子青詩作最大助力的非落蒂前輩莫屬。每一次的新書出版很早就為拙著撰寫弁言或詩評的文章中總是有他。他讓我看到了自己的作品意識，更引領我走對了自己的方向。感謝曾經在《站在時間的年輪上》、《記憶的煙塵》、《詩想起》、《詩雨》中給予評論指點的詩人學者，因為擁有您們無私的愛，所以有今天還在繼續寫詩的子青。

　　因為認真地走過，才知道世界的美好；由於用心地寫過，才懂得一首詩的力量是如此地巨大。不是創作者的文字魔力，而是詩的內在影響力足以撼動人心，古典如此，現代亦然。以詩鋪陳人生、書寫生命，掌握形上、表達形下，穿梭時空、體會物我，這般吟詠江湖，不亦快哉！這是我的詩觀，也是一直以來在我心中不墜的信念。

　　這些年來，除了感激諸多報紙副刊提供發表詩作的園地之外，尤其要謝謝《葡萄園》、《秋水》、《掌門》、《紫丁香》、《新文壇》等詩刊長期給予拙作面世歷練的機會，還有「詩藝文出版社」、「文史哲出版社」，以及香港「銀河出版社」鼎力協助出版著作。沒有它們就沒有現在的子青。

　　話說從頭情意卻更為濃郁，往事細數歲月依然悠悠。這些年過去，詩壇人事已有更迭，我也青春漸褪，年逾半百心情仍舊複雜。也許「春天在世界的盡頭顫抖」（《站在時間的年輪上》）依然存在，而我筆藉詩寫心，其信仰不渝。

　　簡介：張貴松，筆名子青，台灣人。中興大學中文系畢業，高雄師範大學國文研究所結業，成功大學中文研究所文學碩士。任教於台南市聖功女中。中華民國文藝協會、中華民國新詩學會、中國詩歌藝術學會、臺南市文藝協會會員；掌門詩社、葡萄園詩社、紫丁香詩社、新文壇季刊同仁。曾獲全國優秀青年詩人獎，彭邦楨紀念詩獎創作獎，長庚生技全國創作比賽新詩創作組第一名，中華民國新詩學會詩運獎，中國詩歌藝術學會創作獎。著有詩集《站在時間的年輪上》、《子青世紀詩選》、《記憶的煙塵》、《子青自選集－想飛的心情》、《詩想起》、《詩雨》；詩文合集《寂寞的魚》；散文集《懷念的雲彩》；論文《李魁賢詩研究》。

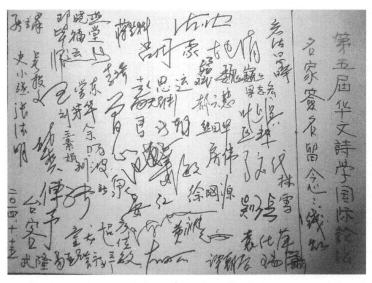

重慶風情　詩人筆跡

初中畢業：黑手、士校與官校

陳福成

一、從小學說起

我初中為甚麼會讀「台中縣東勢工職初中部」？這要從小學說起。我小學六年最深刻的印象，是我從來沒有在讀書、沒有上課的記憶，只有小六最後要考初中，到「升學班」讀了一星期（好像有十多天）。換言之，我小學六年的「讀書經驗」，就是最後那幾天。

說來也夠「神奇」，甚至荒唐吧！很多人一定不相信。這是正式的國民教育，怎可能如此！

或許不能怪罪一些學校，我小一讀台中縣大肚國小，小二讀台中市太平國小，小三讀大雅國小六張犁分校，小四到畢業讀新社鄉大南國小。這只是概略，實際上搬家、轉校，中間常停了好幾個月，加上每到新校要重新適應，所以小四之前，我並沒有讀書記憶，那些師生同學，從未印入我的腦海中。

　　但小五、小六時期，我印象深刻，記憶鮮明。那是大約民國五十三、四年間，台中縣新社鄉大南國民小學，我小五小六的導師都是董振華（一個老師負責所有科目），我這班是「放牛班」，當時學校分「升學班」和「放牛班」兩種。記得每天玩的不亦樂乎！每天一身乾淨衣服到校，放學時已和一隻「泥牛」沒兩樣，媽媽每天都問：「為甚麼玩成這樣？是不是在泥地上打滾？」確實是在泥地上打滾，當時小男生流行玩的遊戲叫「開邊」（台灣，似摔跤，分兩組的團體對打），那時除教室內水泥地，室外全是泥土地，等於下課就在泥地上打滾，焉有不一身泥土，最辛苦是媽媽。

　　小五小六那兩年，我們也從未讀書，記憶中好像連課本也沒有。每天早上第一節課，董老師一上講台問：

　　「各位小朋友，昨天西遊記講到那裡了？」

　　「唐三藏被蜘蛛精抓去了！」小朋友大聲答。

　　「好，今天講孫悟空大戰蜘蛛精……」

　　就這樣一個董振華老師帶我們玩過兩年，小五小六我們真的是在放牛。上午一、二節課講西遊記，三、四節課講封神榜，這些講完再講三國演義，有些精彩的情節一講再講，小朋友高興的不得了，因為不必讀書、寫功課，我想天底下的小朋友大概差不多，都想每天玩的高興，反正有得玩就好了。上午是聽故事，下午一、二節課打躲避球，或自由活動，然後放學回家，這是多麼快樂的一天，多麼快樂的小學生活。

　　反觀另一群小朋友，好可憐！每天上課、補習，他們是父母有眼光的一群，叫他們讀「升學班」。白天的課不夠，晚上加上補習，回到家都很晚了。

可是我的好日子也快結束了，小六快畢業前約一個月，我聽到父母一段對話，媽問爸：「阿成小學畢業要做甚麼？」「去當學徒……」「……」「還太小……」那個年代也不問問小孩。

幾天後，爸媽有結論了。「阿成啊！你還是參加初中聯考好了！到升學班去補一補。」

就這樣我到升學班去讀了十多天，當然是白讀，初中聯考當然也沒希望。但「東勢工職」一定上得了，因為是台中縣最差的學校，只要報名就算「考上」！

二、東勢工業職業學校

民國五十四年我讀了東勢工職初中部（第十五屆）土木科，心裡真實的不很好，面子上掛不住，因為感覺上像是全台中縣最差的學校。當年所謂的「職業學校」都是一般初中、高中考不上，不得已只好去讀職業學校。

記憶中，我們初一到初三的「職業課」，大概做做基本木工、翻翻泥水（水泥、石子、沙的比例）。大家都在鬼混是我最深刻的印象，很多同學（含我在內），到畢業時，都仍不知道水泥、沙石和水的比例多少！

我對那些「職業」課程超級沒興趣，更是別提了。

其他課目如國文、幾何、生物、英文、理化等，因為小學沒有基礎，大多課目對我而言，難度很高，尤其我對理科幾乎「天生」沒興趣，讀起來毫無味道。我只對國文有興趣，原因是導師丘謙很負責講課，也從嚴要求，尤其重視作文，

對我很有影響。另一個原因是回家後有一位叫王淮的叔叔（當時他是中興嶺八〇五總醫院病患，我父親是護理），他每週為我講論語、孟子，也指導我寫作文。國文是我唯一可以風光的課目，東工校刊開始有我的作品，在同學間是很「拉風」的事，我記得經常可以領到二十到三十元的稿費，這將近是豐原客運一個月的車票錢（中興嶺 ── 東勢）。

所有的科目只有一個國文好，但很神奇的 ── 也始終不解，我卻六學期、三學年都拿了全屆第一名，畢業總成績當然也就是全屆第一名，領了當時台中縣長王子癸的「縣長獎」。

這怎麼可能！我小學全在「放牛」，到小六還不知道ㄅㄆㄇ，初中三年級時英文二十六字母仍背不全，怎能全拿第一名，任誰也不相信，我自己也不相信，老土阿成怎可能拿「縣長獎」？

想來原因有幾，一者東工讀書風氣本來就差，絕大多數學生都在鬼混，我算用功。當時考試老師都要「劃重點」，師生心知肚明，不論理科文科，老師劃五題考四題半。換言之，只要把劃的重點背起來，考試一定過關，我一定努力背，但班上同學背也懶得背。另一個原因是初中部只有甲乙兩班，全屆才八十人，若有數百人，可能有不少高手，我便沒有機會第一名。

反正初中三年在矇矇懂懂、迷迷糊糊、無思無想的情境中過了。至今仍記憶深刻的，是自己「暗戀」一位高中部叫「李淑華」的女生，還寫了「情書」給人家。當然是沒結果，因為人家根本不理我這「小弟弟」。

　　台中縣東工初中部第十五屆，於民國五十七年六月十八日舉行畢業典禮，全班有三十二人（按畢業同學錄），分別是楊福炎、李耀煌、郭仁銘、陳福成（筆者）、謝秀明、黃貴龍、劉漢耀、范慶毓、賴台棟、潘新木、黃興樂、劉漢欽、張鎮江、鄧嘉昭、江盛雄、林文輝、劉春生、黃敏源、林舜、劉國棟、鍾武安、劉火炎、陳瑞昌、張國石、詹正乾、黃志欽、王阿木、徐進泉、黃文海、黃慶章、陸輝曜、黃瑞發。

　　本班同學「據聞」已有幾位走了。十多年前我曾試圖要辦同學會，都因找不到人而未成。畢業至今（二○一二年），已經四十四年了，也尚未辦過同學會，只因自己是第一名畢業，感覺上好像有一份責任未了。

　　全班三十二人中，竟有五人去讀陸軍士校，我去讀陸軍官校。等於是大約五分之一同學「從軍報國」去了，比例很高，為甚麼？多年後我仍不解。或許是那大時代的環境背景，學校師長都拼命「鼓動」從軍報國。

　　也有一個特別原因，我班導師丘謙是陸官二十五期，全校教職員含校長毛琦在內，有近半有軍事院校背景，班上同學盡管不讀書，但「國家民族」觀念超強，而我又是軍人子弟（當時已從民宅搬入眷村），我的國家民族觀念在「東工時期」（初中時代），已經形成，我自己也不知所以，只是回頭去看自己的初中日記，已儼然像是一位「愛國主義者」。

三、士校、官校與黑手

　　在那個高唱「反攻大陸」的年代，我敢說全台灣有很多

學校在「流行」考各種軍事學校。其中以士官學校的需要量最大，所以「瘋士校」是當時常見的「校景」。

本文附印當年我的日記中，有關歡送同學入士校及師長的嘉勉。我發現為甚麼自己的「國家民族」觀念很強烈，原來當年的導師丘謙和童軍團長劉明智已在我們「空白」的心田，種下愛國家、愛民族的種子。

讀我民國五十七年五月七日的日記，以「歡送本班同學入士官學校」示題，丘謙老師的話：今天我們班上有四位同學投向士校，我們覺得非常光榮，因為他們的前程是無量的。再說國與家是不可分開的，一個人應該忠於國家、愛護國家。因為國亡家即瓦解……過去日本想滅中國，以一股不可阻……

民國五十七年五月九日，團長劉明智的話：一個人要有國家關（觀）念。國家是每個人的懷抱，也最值得回憶。我們每一個人要有一個中心思想 —— 我是中國人。像紀政、楊傳廣他們是沒有國家民族觀念，他們有能力為國爭光，國家把他們培養起來，目的是要他們參加世運會，為國家爭點光榮。可是他們把本都忘了，竟然脫離了祖國關係，而入美籍。這些只是初中的日記，老師怎樣說，孩子就怎麼「收」。

記這篇日記時，我才初中三年級十五歲，老師怎麼說，我怎麼聽、怎麼寫，若以現代去評四十多年的事，是不通也不合理的。

團長劉明智又說：（以下取意）外國所以強盛，因國民心中有國家，國民從軍，子弟讀軍事學校，家長親友會來慶祝，社會中最好的人才是去幹軍人；可是我們中國人，有孩子要

去當軍人，就說這孩子完蛋了，把軍人看得很低，這樣國家那會強盛？希望同學們把眼光放遠……

就在這一片從軍熱潮時，有一天我又聽到父母在對話：

媽媽說，阿成畢業叫他去當黑手好了，三年六個月出師可以做師傅，一輩子不愁吃穿……因為表兄弟有人在當黑手。

爸爸說，當黑手有甚麼好？一輩子沒前途……

兩老爭了多久？有沒有爭出結果？我已經毫無記憶了！因我那時也沒有自己的想法，一切仍在矇懂狀態中。但我確實受到學校從軍熱的影響，也很想進士校（陸軍士官學校）。記得初三下開始，連續有幾批已入士校就讀的學長，回來宣傳讀士校有很多福利，一個個穿著體面，確實很多人受到鼓舞，我也不例外。當我有一天鼓起勇氣，向正在工作的爸爸說：「班上很多人考士校，我也想進士校。」

我清楚的記得那一天，是一個休假日，但爸爸正好有事回醫院（那時他在八〇五總醫院精神科當護士），我們孩童時常到醫院玩。他聽我說要考士校，轉過頭來一臉不高興的樣子……一語不發看著我，顯得生氣，我心頭有些慌，不知道老爸為何聽到我要考士校，一臉不高興。

一會兒，他才冒出第一句話：「考士校，真是沒出息！你要一輩子當士官嗎？」

我一頭霧水，因為我聽不懂，為何沒出息？不是從軍報國嗎？至於一輩子當甚麼士官，自己也不清楚，難道當士官不好嗎？為什麼那樣多人去當？一時愣住了，不知如何是好？

又過一會兒，老爸又補一句：「要幹軍人，就去陸軍官校，

至少也當個官，讀士校只能當士官，沒出息啊！當官才像個人樣。」老爸大概就這個語氣。

　　後來，我當然也就沒進陸軍士校，而去了陸軍官校預備班十三期，使我成了「職業軍人」，這是意外！

　　民國五十七年六月十八日，在我的日記裡記著這天是畢業典禮，以第一名成績畢業，得以免試直升本校高中部。我的「縣長獎」包含獎狀、一本相簿、一支校長送的鐵力士鋼筆、婦女會理事長送的朱自清文集。

　　我並沒有直升東工高中部，畢業典禮後，我開始準備考陸軍官校的事。那時眷村已有人讀陸官，我也打聽到一些消息，都說是如何的好！只是媽媽很不捨！

　　簡介：陳福成，祖籍四川成都，一九五二年生於台中，筆名古晟；法名：本肇居士。陸軍官校四十四期、復興崗政研所畢業。經歷野戰部隊各職十九年，台灣大學主任教官退休。已出版國防、軍事、兵學、詩歌、小說等各類著作七十餘冊。

後 記

台 客

去年九月，素有文壇多面手，重量級作家（已出版七十多本著作）稱號的福成兄，及文史哲出版社老闆，號稱「文學界最好的朋友」的彭正雄兄找我商量，說打算辦一本半年或一年刊的雜誌，專刊出作家詩人等的創作回憶錄之類的文章，他們說像這類雜誌好像還沒人辦過，有一定的意義，唯請我當編輯，因我曾當過長期的《葡萄園詩刊》主編，人面較廣。原本已「歸隱山林」的我想要拒絕，但又感其盛情，最後想到一個兩全其美的辦法，即先出版一本有關此類文章的專書，若出版作者、讀者反映良好，可考慮再出續集，否則就作罷！

於是，由我擬了徵稿啟事：「回首千山外 — 詩人作家創作回憶錄」，經福成兄及彭公同意後，廣寄給兩岸三地及海外的一些較知名的作家詩人，請大家提供稿件。徵稿從去年十月開始陸續發出後，至今年三月底截止，共收到三十多篇的稿件，扣除少數不合體例者，共實得三十四篇，成績算是差強人意。

　　仔細分析這三十四篇的來稿，大陸地區佔最多達二十一篇，台灣地區有七篇次之，其餘分別為香港兩篇，澳門一篇，加拿大、新加坡、澳洲各一篇。

　　入選的這三十四位作家、詩人，年紀最高者已快九十歲，最低者也有四十多歲，這些作家、詩人，有些曾是或現為大學教授，有些是中學老師，有些是專業作家，有些是詩報刊、雜誌的老編等等，他（她）們都已在文壇、詩壇上艱辛奮鬥了至少二、三十年以上，最多者甚至已將近一甲子，每人至少都有數本或幾十本著作。

　　仔細閱讀書中每位詩人、作家的創作經驗談，你會發現由於成長環境、背景等的不同，每位作家、詩人的奮鬥方式也各異，但都充滿了令人敬佩的堅強與毅力，令人不得不肅然為之起敬。相信有志於文學者閱讀後，必能深有所感所獲才是。

　　最後謹向這三十多位來稿的詩人、作家朋友們致謝並致敬。這些邀稿，沒有稿費，都是大家百忙之中為文學大業的義氣相挺。

2015/4/12